SUA VOZ
DENTRO DE MIM

Emma Forrest

SUA VOZ DENTRO DE MIM

Tradução
MAIRA PARULA

Título original
YOUR VOICE IN MY HEAD

Copyright © 2011 by Emma Forrest

Versos de 'On Raglan Road' de Patrick Kavanagh foram reproduzidos de *Collected Poems*, organizado por Antoinette Quinn (Allen Lane, 2004), gentilmente autorizado pelos administradores do espólio da falecida Katherine R. Kavanagh, através de Jonathan Williams Literary Agency.

'Gee, Officer Krupke' e 'Jet Song' extraídos de *West Side Story*, letras de Stephen Sondheim, música de Leonard Bernstein © Copyright 1956, 1957, 1958, 1959 de Amberson Holdings LLC e Stephen Sondheim. Reproduzido com autorização.

O direito moral de Emma Forrest ser identificada como autora desta obra foi assegurado.

Todos os direitos reservados. Nenhuma parte desta obra pode ser reproduzida ou transmitida por qualquer forma ou meio eletrônico ou mecânico, inclusive fotocópia, gravação ou sistema de armazenagem e recuperação de informação, sem a permissão escrita do editor.

Direitos para a língua portuguesa reservados com exclusividade para o Brasil à
EDITORA ROCCO LTDA.
Av. Presidente Wilson, 231 – 8º andar
20030-021 – Rio de Janeiro – RJ
Tel.: (21) 3525-2000 – Fax:(21) 3525-2001
rocco@rocco.com.br / www.rocco.com.br

Printed in Brazil/Impresso no Brasil

Preparação de originais
TIAGO LYRA

CIP-Brasil. Catalogação na fonte.
Sindicato Nacional dos Editores de Livros, RJ.

F833s	Forrest, Emma Sua voz dentro de mim / Emma Forrest; tradução de Maira Parula. – Rio de Janeiro: Rocco, 2013. Tradução de: Your voice in my head ISBN 978-85-352-2820-9 1. Forrest, Emma. 2. Doentes mentais – Nova York (Estados Unidos: estado) – Biografia. 3. Doentes mentais – Relações com a família. 4. Amor. 5. Psicoterapeuta e paciente. I. Título.
12-8534	CDD-362.196890092 CDU-929:364.622

Este livro é dedicado a Sara Hawys Roberts
(minha Girl Friday).
E ao dr. R, sua esposa, seus filhos e todos os pacientes que estão vivos hoje graças a ele.

Pagando a conta, ele disse: "Ainda há uma mulher em meu quarto. Ela irá embora mais tarde."

Milan Kundera, *A ignorância*

Prólogo

Eu procurava um emprego de fim de semana e, embora quisesse trabalhar aos sábados num cabeleireiro, em algum lugar de minha mente adolescente eu pensava que Ofélia poderia precisar de uma criada. Assim, todo dia depois da escola, antes de minha mãe chegar em casa, eu pedalava até a Galeria Tate para ver a musa de Millais.

Eu não queria um emprego de sábado em um cabeleireiro e andar de bicicleta não era o meu forte, mas eu sabia muito bem que era uma menina de 13 anos e meninas de 13 anos andam de bicicleta por diversão e lavam cabelos pela grana da gorjeta. Mais tarde eu entenderia essa desconexão: "É isto e assim que eu deveria querer, então vou tentar."

Ao me aproximar da Tate, eu sabia o que viria. Eu via o cabelo ticiano de Ofélia, seu corpo branco flutuando pelo rio, as flores em volta dela. Às vezes, quando eu entrava lá, ela estava morta. Em outras, ainda moribunda e podendo ser salva por alguém na margem que nunca vi na vida. Alguém que Millais desenhou e depois pintou por cima, deixando sob o pigmento, com a respiração baixinha para não ser visto – um homem que a deixava fazer o seu papel, mas não deixaria que se afogasse.

Embora eu nunca tivesse feito sexo, havia dias em que Ofélia parecia apanhada no ato sexual, com os braços estendidos no alto, a boca aberta, sob um amante invisível. Muito tempo depois – depois de eu estar apaixonada – entendi que ela não podia se livrar do cheiro pós-coito dele, mais forte que o perfume das flores nas margens por onde ela flutuava. As flores lhe imploravam para ater-se ao momento. O cheiro dele a mantinha presa ao passado.

Naquelas tardes, a Tate era povoada por uma combinação de velhos de roupas berrantes e jovens e modernos patronos da galeria de preto (os primeiros protegendo-se da chuva, os últimos ansiando para que a chuva os pegasse). Sempre havia pelo menos uma atividade acontecendo. Mas de modo geral eu ficava sentada no banquinho de couro, no meio do salão, diante da pintura de Millais, comendo um saco secreto de fritas, e chorava. Sal e vinagre me faziam desabar. Antes que o ano terminasse, fui levada às pressas ao hospital depois de comer 23 pacotes seguidos. Mesmo hoje, a comida salgada – fritas com sal e vinagre, marmite – tem gosto de lágrimas. Eu sabia que aquele quadro me faria chorar e ainda assim voltava. Desenhava o nome dela em meu caderno da escola: OFÉLIA, em bolhas de sabão. Queria estar com ela o tempo todo e quando acordava aos sábados, lá ia de novo e chorava um pouco mais. Nunca consegui entender se chorava por ela ou por mim. É fácil dizer depois que já passou: eu acredito que ela me contaminou. Aos 13 anos, eu tinha medo de ver em Ofélia o meu próprio destino.

Capítulo 1

Um homem paira sobre mim enquanto escrevo. Todas as mesas da lanchonete de Los Angeles estão ocupadas.
— Está saindo?
Meu notebook, o café e o ditafone estão espalhados diante de mim.
— Não — respondo.
— Eu te dou mil dólares pra você sair.
— Tudo bem — digo, pegando minhas coisas.
— O quê?
— Claro. Mil dólares. Estou saindo.
Ele me olha como se eu fosse louca e bate em retirada apressadamente.
Eu falei sério. Ele não. Meu radar, após todos esses anos de sanidade, ainda está desligado quando se trata do que as pessoas realmente querem ou não dizer.
Minha mãe liga para o meu celular e eu saio para atender.
— Como se pronuncia Tóibín — pergunta mamãe —, como em Colm Tóibín, o romancista? — Este é nosso telefonema diário, eu na América, ela na Inglaterra, todo dia desde que me mudei para cá aos 21 anos. Agora tenho 32 e ela tem 71, mas parece ter 17.
— Pronuncia-se tou-bin. Como "toe" e depois "bean".
— Era o que eu temia — diz mamãe. Ela deixa isso marinar por um momento. Depois: — Não, é inaceitável.
— Mas é o nome dele! É assim que se diz.
— Não posso sair por aí dizendo "toe-bean". Simplesmente não posso.

– Por que simplesmente não deixa de falar o nome dele?
– Ele é um escritor conhecido.
– Leia os livros, mas não fale nada dele.
– Não. – (Posso sentir sua cabeça meneando.) – Vai surgir alguma situação que exigirá que eu diga o nome dele.

Acho que minha mãe tem o senso de mortificação, e de culpa por isso, dos judeus de sua idade que não foram diretamente afetados pelo Holocausto. Quando ela foi criada em Nova York, a primeira coisa ruim que lhe aconteceu foi que as crianças irlandesas se mudaram para o bairro judeu e roubaram seu kazoo *e* seu chapéu de marinheiro. Ela era uma garotinha gorda, protegendo os bolos que escondia na gaveta de meias. O que era uma criança gorda na Nova York dos anos 1940 sem seu kazoo?

A segunda coisa ruim foi que o pai dela morreu e, logo em seguida, a mãe, e ela era só uma adolescente que não sabia fazer torradas. Então ela emagreceu – propositalmente, não por falta de torradas – e casou-se com um homem muito mais velho. Não durou. A melhor coisa que aconteceu foi ter se apaixonado por meu pai.

Uma vez, quando mamãe e o primeiro marido já tinham perdido contato há muito tempo e eu era nova na hipermania, localizei um endereço do homem, de quem eu só ouvira falar, e mandei-lhe uma carta perguntando se ele estaria ou não morto. Não por maldade, só estava curiosa.

Mamãe fica ansiosa com muita facilidade. Algo que é uma fonte de calma (ela vê o gato lamber a tigela de água. "Muito bom, Jojo! Que menino bonito!") pode virar, como o clima (o gato ainda bebendo. Seu sorriso desbota. "Por que está bebendo tanta água, Jojo? Qual é o problema, Jojo? Está doente?").

Falo muito sozinha porque eu a via falando muito sozinha, em geral na cozinha, onde eu a entreouvia dizendo, com muito entusiasmo:

– Estou me sentindo tremendamente otimista com o pão sem glúten!

E:
— Acho que os dentes de George Clooney podem ser sua desgraça.
Vejo minha mãe em toda parte. De certos ângulos, a supermodelo brasileira Gisele Bündchen tem seu rosto, e de outros ângulos parece a comediante negra Wanda Sykes. Acho que todos os brancos têm um doppelgänger negro e vice-versa. O doppelgänger negro de meu pai é o pai de *Um maluco no pedaço*. Seu doppelgänger celta é Sean Connery.

Uma senhora aproximou-se dele em um hotel na Jamaica e disse: "Na noite passada, pensamos que você fosse o Sean Connery", e papai disse: "Na noite passada, eu *era* o Sean Connery."

Meu pai parece saber de tudo, então nunca uso o Google. Uso meu pai. Mando-lhe um e-mail e ele resolve, depois responde do jeito dos bilionários fundadores do Google:

"Londres a Cardiff: é caro? Quanto tempo dura a viagem?"

"Duas a três horas de trem. Caro se você não marcar com antecedência. Bjs Larry Page e Sergey Brin."

Quando eu tinha 14 anos e quis dispensa da aula de educação física, papai escreveu à professora uma carta na forma de um triângulo perfeito:

À
senhora
Jensen, favor
dispensar Emma da
ginástica hoje por ela se sentir
indisposta. Atenciosamente, Jeffrey Forrest

Ele escreveu assim por motivo nenhum, apenas por prazer, meticuloso, fazendo com que eu me atrasasse. Quando entreguei a carta, a sra. Jensen rasgou, jogou no chão e disse que considerava aquilo um insulto pessoal por parte de minha família.

Uma vez ele teve um cartão de crédito que dizia "Sir Jeffrey Forrest" porque a American Express fez a burrice de lhe mandar um formulário com a declaração "Diga como quer que seu nome seja impresso".
As últimas informações de voo que ele me mandou foram:
Seu pedido especial

	Refeição Especial	Poltrona Especial
SIR ADORÁVEL JEFFREY FORREST	–	12J
SRA. AMUADA JUDITH FORREST	–	12K

Perguntei se era realmente sensato colocar os nomes dele e de minha mãe nas passagens daquele jeito e ele respondeu, como se não estivesse em suas mãos:
"Segundo as novas regras de segurança nacional, os nomes nas passagens *devem* ser uma combinação de como eles são impressos no passaporte e nossa provável aparência no check-in."
Prefiro pensar que meus pais são completamente excêntricos, duas peças perfeitas de um quebra-cabeças de neuroses. Tudo o que eu sempre quis para mim.
Tenho uma irmã, Lisa, três anos mais nova do que eu. Lisa tinha um amigo de infância imaginário que chamava de Poofita Kim. Seu amigo imaginário, explicou ela num desenho, fugiu por ter afogado seus filhos. Lisa, então com cinco anos, lhe deu abrigo. Foi nesta mesma época que ela escreveu uma carta a Margaret Thatcher:

Cara Margaret Thatcher
    Por que a senhora é tão má? Nem o diabo é tão mau. Por favor, venha tomar um chá, no sábado, às quatro, para discutir sua maldade.
    Favor usar chapéu.

Eu costumava derramar Coca-Cola no piano de Lisa e tirar todo o recheio da foca de pelúcia com que ela dormia, então a foca parecia ter murchado. Por toda a infância, ela disfarçadamente manteve um diário de minhas transgressões:

3 de dezembro de 1987 – Emma puxou o meu cabelo.

14 de março de 1988 – Emma despejou Coca-Cola no meu piano.

1º de setembro de 1988 – Quando mamãe não estava olhando, Emma me olhou de um jeito esquisito, depois negou que me olhou de um jeito esquisito.

Ela teve o mesmo namorado por 12 anos. Eu não.

Lisa me deu O *papel de parede amarelo*, de Charlotte Perkins-Gilman, e costurou na minha calcinha uma foto de Jon Stewart. Eu a amo feito louca – mas quando mamãe coloca um pé no quarto, não conseguimos mais nos suportar.

Minha avó tem noventa anos e recentemente adotou um sotaque iídiche que se arrasta quando ela está cansada ou bêbada. Caso contrário, ela parece Prunella Scales do seriado *Fawlty Towers*, a não ser pelos palavrões. Em um ano, durante o torneio de Wimbledon, eu disse que achava Steffi Graf atraente e minha avó estrilou "Ela é uma vaca horrorosa!" Lauren Bacall também está em sua lista de inimigas, mas a origem da história ainda é nebulosa.

Talvez porque minha família seja como é eu tenha levado algum tempo para perceber – instalada em Manhattan aos 22 anos, contratada pelo *Guardian* e prestes a ter meu primeiro romance publicado – que minhas peculiaridades tinham ido além da excentricidade, saíram das águas quentes da esquisitice e entraram nos trechos frios e fundos do mar onde as pessoas perdem a vida. Eles estavam na Inglaterra. Não sabiam que eu me cortava com gilete –

os braços, as pernas, a barriga – e não sabiam que eu comia demais e vomitava seis, sete, oito vezes por dia. Mesmo nas épocas mais sombrias, mesmo sabendo o quanto eles me amavam, eu tinha medo de lhes contar.

Tinha medo de que eles me fizessem sair de Nova York, cuja própria excentricidade trazia-me os respingos de alegria que eu ainda sentia. Certa vez, quando eu andava pela Avenue B com minha amiga Angela Boatwright, um garoto de bicicleta, com talvez uns oito ou nove anos, disse ao passar: "Vou comer a bunda de vocês!" Ele disse isso industriosamente, com orgulho, como um homem com uma ética de trabalho. No mesmo dia, levei o maior assovio da vida, quando um peão de obra gritou: "Que garota! Queria te levar ao cinema!"

Eu era incrivelmente solitária. Imaginei aceitar o convite do peão de obra e nós irmos ao cinema juntos, eu colocando a cabeça em seu ombro e ele gritando "Sai! Me larga! Eu disse que queria te levar ao cinema! Não disse que podia tocar em mim!"

Na verdade eu tinha um namorado – o Namorado Ruim – e ele compunha grande parte da solidão. Pensando bem agora, eu nem sei por que ele ficou comigo. Ele tinha meus peitos em alta conta. E... é só, acho eu. Eles eram empinados. Ele não queria conhecer meus pais ("Pais não são a minha praia"). Também em sua lista de aversões:

1. Bolo
2. Poesia

Eu gosto muito dessas coisas. Sou até boa na confecção das duas. Só o que posso dizer é o seguinte: eu era nova na cidade. Não conhecia ninguém. Ele era alto e bonito e todos os seus dentes eram dele mesmo.

A primeira vez que fui ver o dr. R foi em 2000, um bom ano para mudar de vida. Peguei o trem da linha 6 ao sair da emergência, onde passei a noite toda. Eu me tornara tão entorpecida em minha vida, que nem o sexo eu registrava, a não ser que doesse, e então eu, muito distante, podia ver que era eu na cama. Apesar dos cortes e da bulimia, eu não conseguia ser rápida o suficiente para me machucar, então o namorado era de alguma ajuda. Naquela noite ele foi longe demais. Embora o vagão do trem zumbisse de colegiais, eu me sentia em um bote, longe, no mar. Podia sentir o sangue ainda escorrendo na sala de espera do dr. R enquanto espiava a *New Yorker*. A mancha vermelha em minha calcinha de algodão me fez pensar em alguém morrendo de tanto sangrar em um labirinto de neve, que era como eu começava a me sentir. Havia uma tirinha na *New Yorker* que não fazia sentido. No estado em que me encontrava, ela fazia com que me sentisse tão solitária, tão perdida e desligada, que comecei a chorar. E foi assim que o dr. R me encontrou, ensanguentada e chorando, enfim seguindo uma recomendação que eu recebera meses antes.

Ao abrir a porta como uma debutante aparecendo no alto da escada, o dr. R era um careca magro, com um suéter de gola rulê metido numa calça de veludo cotelê, de cós alto, e foi em parte por isso que fiquei chocada quando a mulher dele, Barbara, me disse que ele só tinha 53 anos quando morreu. Sua sabedoria e seu estilo de colocar o cinto faziam com que parecesse muito mais velho.

Meus olhos percorreram sua sala. O livro que ele escrevera sobre vício em cocaína. Três luminárias Tiffany. E uma foto em porta-retrato dos dois filhos pequenos (Andy e Sam, eu só saberia seus nomes depois, pelo obituário). Um pátio (aberto no verão, a não ser que estivesse barulhento demais na escola do outro lado da rua). A melhor coisa na sala era uma obra de arte: um gabinete de madeira da virada do século contendo remédios, inclusive arsênico.

O dr. R se recostou em sua cadeira giratória como um gato se ajeitando no sofá.

– Você andou chorando – disse ele.

– Foi um longo trajeto de metrô – respondi, atribuindo a culpa por minhas lágrimas ao trem 6, que nunca me fez nada pior do que rodar com cheiro de McDonald's.

O trem 6 também é chamado de Linha da Lexington Avenue, e leva 1,3 milhão de passageiros diariamente. É a única linha em Manhattan que serve diretamente ao Upper East Side, rodando do centro do Brooklyn, passando por Lower Manhattan e finalmente ao norte para a rua 125, no East Harlem. Foi inaugurado em 27 de outubro de 1904 e em meus dias mais sombrios a caminho do consultório do dr. R, eu dizia a mim mesma: "Um século depois e este trem ainda roda." Tinha 27 paradas e só 23 estavam em uso, o que de certa maneira o humanizava. Enquanto o trem avançava, desviando seus olhos, pela estação escura da rua 18, imaginei que a parada da 18 simplesmente havia se retirado, sensível demais para a vida. A verdade era que os novos trens de dez vagões eram longos demais para esta plataforma. Mas eu via a dor e a tristeza em tudo, e as rolava em minha boca como um vinho fino.

Após a morte do dr. R, descobri que ele salvara muita gente. É uma sensação estranha, como crescer e perceber que outras pessoas leram O apanhador no campo de centeio, e não só você. Eu sabia que ele era diretor do programa de combate ao abuso de cocaína do Columbia Presbyterian. Descobri, depois de sua morte, que ele também criara o inovador programa de saúde mental pós-11 de Setembro para os bombeiros. No livro de visitas do obituário do New York Times, a maior parte dos testemunhos de pacientes dizia: "Ele salvou a minha vida."

Durante meus oito anos como paciente dele, o dr. R comparecia-a minhas leituras de meus livros, embora as regras da relação médico-paciente determinassem que não podíamos conversar. Ainda assim, eu dava uma olhada e via que ele estava lá. Sua viúva recentemente me enviou uma carta falando do orgulho que ele sentia de minhas realizações e que eu tinha um lugar especial em seu coração. É possível que ela tenha mandado cartas a outros pacientes dizendo: "Meu marido não gostava realmente de você. Você o entediava muito em suas sessões, em grande parte porque ele achava que você era um caso perdido. P.S.: Seu livro era uma merda." Mas não creio que tenha sido assim. Sei que ele comprou telas de um paciente que passava por dificuldades financeiras e as pendurou no consultório. Encontrei um e-mail de 2005 perguntando se ele podia contratar um surfista namorado meu, um amor de pessoa que ele sabia estar tentando ao máximo se manter sóbrio, para dar aulas de surfe como presente de aniversário à filha de um amigo. Ele era alegre. Um eterno otimista. Não havia nada que eu pudesse dizer que ele não rebateria dizendo que só era ruim se eu decidisse que fosse. "Ah, e aí eu matei um vagabundo. Esfaqueei o sujeito vinte e duas vezes."

"Só vinte e duas vezes? É menos do que vinte e três."

Eu confiava inteiramente nele. E gostava de como ele me via. Simples assim.

Tenho uma mãe de quem sou tão próxima que às vezes temos os mesmos pesadelos. Conto tudo a ela. Meu pai não entende bem as coisas quando se trata de questões pessoais de grande importância. Um pai que me ama mas não me ouve, outro que me ama mas ouve demais. O sentido da psiquiatria, como resumiu o dr. R, é o observador de fora. A pessoa a quem você conta seus segredos porque nunca terá de encará-la na mesa de jantar.

Ao sair do fundo do poço, comecei a ver o dr. R semanalmente. Depois a cada 15 dias. Depois mensalmente. Depois só quando precisava. A dosagem de meus remédios psiquiátricos agora se reduzia. Eu me mudei para Los Angeles e tinha sessões por telefone. Tinha uma sessão pessoalmente três ou quatro vezes ao ano, quando voltava a Nova York.

Em março deste ano, liguei para marcar uma hora quando eu soube que iria a Nova York me encontrar com um homem que eu via só há alguns meses, embora já fosse difícil imaginar uma hora em que não estivéssemos juntos (ele chamava a si mesmo de "Marido Cigano" e eu o chamava de "MC"). Eu ia dizer ao dr. R: "Estou apaixonada por alguém bom, generoso e gentil, e ele viu as trevas também, mas de algum modo nos tornamos a luz um do outro. Você me deixou bem o bastante para ser a luz de alguém!"

Também pretendia falar com ele sobre ajustar minha medicação, diminuindo um pouco mais a dose, porque me sentia muito calma e feliz havia algum tempo. Até escrevi um artigo para o *Guardian* sobre minha recuperação de um colapso nervoso em que eu deitava elogios a meu médico. Achei um tanto estranho que não tivesse me mandado um e-mail dizendo que lera. Mas eu sabia que ele era ocupado.

Com meu hotel esperando e minha roupa íntima na mala, liguei para marcar uma consulta em que contaria minhas boas novas. Eu conheci o "Número Um". ("Posso escrever em meu livro que você é o 'Número Um'?", pergunto a MC, digitando na varanda enquanto ele prepara salmão para o jantar. "Adorei isso", responde ele, "porque significa que somos o 'Dois'.")

A secretária eletrônica do dr. R atende, mas com uma nova saudação:

"*Por motivos médicos, este consultório estará fechado. Este aparelho não gravará recados.*"

Nenhum dos pacientes sabia que ele estava doente, que dirá que tinha câncer de pulmão. Ele escondeu a verdade de nós por oito meses, do diagnóstico até sua morte, indo direto da quimioterapia a suas sessões. Cancelou sessões porque estava "se sentindo indisposto". Nossa última conversa foi quando telefonei para avisá-lo de que, como aconteceu tantas vezes durante nosso tempo juntos, meu cheque podia voltar (hipermaníacos: péssimos para lidar com dinheiro).

– Não estou preocupado com isso, Emma – disse ele. Talvez tivesse três semanas de vida.

Quando voltei para visitar MC em Nova York, me lembrei de verificar meu e-mail configurado para que os leitores pudessem me escrever pelo meu site.

21 DE MAIO DE 2008

Emma,

Eu procurava no Google por "Livro de visitas do dr. R" quando dei com um artigo escrito por você. Fiquei muito impressionado com sua sinceridade e a clareza de seu artigo. Sou cunhado do dr. R e não sei se você soube que ele faleceu há duas semanas, depois de uma luta de nove meses contra o câncer. Sim, um homem verdadeiramente grande, e sua ausência será tristemente sentida por toda a família. Você encontrará muitos pensamentos sobre ele procurando "Livro de Visitas do dr. R" no Google.

John Crawford

Naquele mesmo dia, recebi um e-mail de meu pai. Não estava em formato triangular:

A mãe acaba de me telefonar e me contou a má notícia. Estou triste porque ele era um de seus maiores esteios e sei o quanto você o amava, confiava e dependia dele. Não sei quem percebeu primeiro que os bons morrem jovens, mas parece ser mais do que uma anomalia estatística.

Depois que o dr. R morreu, liguei para a secretária eletrônica que não tomava recados e liguei novamente, vezes sem conta, como se abrisse e fechasse a porta da geladeira em busca de uma comida que não estava ali. Se eu telefonasse muitas vezes, talvez ele atendesse. Liguei até que um dia ela foi desconectada e não havia nada na linha a não ser minha própria respiração.

5 DE JUNHO DE 2008

É com grande pesar que escrevo estas palavras. O dr. R resgatou meu filho de um vício muito grave em drogas. Ele salvou sua vida e o devolveu a nós.

Desde então, nos últimos doze anos, mal passou uma semana sem que eles se vissem ou conversassem ao telefone, caso meu filho estivesse fora do país. O dr. R tornou-se seu mentor, amigo íntimo e orientador da vida. Ele, como todos que tiveram o privilégio de estar sob seus cuidados, a princípio ficou terrivelmente chocado em saber de seu falecimento, e depois completamente arrasado, coisa que meu filho ainda está.

H (NOVA YORK, NY)

Capítulo 2

Estou escrevendo em meu antigo apartamento em Nova York, no décimo sétimo andar. Da janela vejo o hospital para onde fui levada quando tentei me matar apenas algumas semanas depois de começar a ver o dr. R. Comigo presa a um monitor e eles atrás, minha mãe lhe entregou a carta de suicídio, que ele leu uma vez, devolvendo em seguida.

– Lamento muito – disse ele. – Pensei que ela estivesse melhorando.

É importante para mim que meu salvador tenha se equivocado bem no início. Isso o rebaixava e o humanizava em minha mente. Tendo me receitado Zoloft naquele primeiro dia sangrento e monitorado meu progresso, ele não considerou que eu representasse um risco para mim mesma. Estava enganado.

Foi no St. Vincent's Hospital que os homens da ambulância me colocaram depois que minha colega de apartamento me encontrou inconsciente. Ela não me viu a princípio porque eu desmaiei em uma mala aberta de roupas que ainda não guardara. Eu não desfizera a mala por três meses. Após lavarem meu estômago, fui posta sob vigilância de suicídio e uma enfermeira voluntária e bêbada tinha de ir comigo ao banheiro sempre que eu precisava. "Jesus te ama!", ela cantarolava. Imaginei um Cristo tarado amarrado na privada, o cabelo todo sujo e a respiração pesada.

Quando vim ver este apartamento pela primeira vez, a vista do Empire State Building do outro lado da cidade parecia o momento em que Richard Beymer vê Natalie Wood do outro lado do salão abarrotado em *West Side Story*. O resto da cidade destruído. Éramos só nós, o Empire State erguendo-se para tocar o céu, eu vivendo acima de minhas posses. Tenho apenas um metro e cinquenta e cinco. Olhei o prédio e imaginei que ele me ajudaria a me manter segura, pegando para mim coisas que eu não alcançasse nas prateleiras altas.

O MetLife Building, atarracado, à direita, parece o melhor amigo gordo, mas engraçado, do Empire State. Também posso ver o prédio da Chrysler, pontudo e afiado como o salto agulha de um Louboutin. Imagino uma Carrie Bradshaw gigante deitada de costas, com um sapato no ar enquanto chora em silêncio, as lágrimas quentes porque Big concluiu que ela era exigente demais. Incrível que eu tenha acabado aqui, olhando aquele hospital, apenas outra vista a ser contemplada, eu viva e olhando para ele.

"Assim nunca será bonita para um marido!", foi a bronca de um enfermeiro indiano naquele pavoroso dia de março, ao avaliar meus cortes enquanto inseria um cateter intravenoso na face interna de meu cotovelo. Eu disse pavoroso, e foi assim para os que me amavam, mas para mim não houve pavor, foi o que eu esperava. Eu ansiara por aquilo. Era o fim de jogo.

Enquanto me faziam uma lavagem gástrica, tentaram entender se os cortes no meu braço faziam parte da tentativa de suicídio. Não faziam. Foram se acumulando com os dias, semanas e meses. Uma grafiteira, voltando na calada da noite a um muro preferido. Eu me automutilava com constância, principalmente com lâmina de barbear, principalmente no braço, às vezes nas coxas, ultimamente no pescoço e no rosto, na barriga (só uma vez, com sentimento). Comecei a me cortar aos 16 anos.

– E quando começou a bulimia? – perguntou o dr. R, de calça de cós alto em sua cadeira giratória de couro. Sua testa era redonda, como se o cérebro tentasse saltar para fora e se colocar entre nós, um manto nobre para me ajudar a cobrir meu esgoto psiquiátrico.

– Começou no dia em que me mudei para Nova York.

– Foi de repente que você pensou que seria uma boa ideia?

– É. Acho que sim. Quer dizer, como os homens das cavernas inventaram o fogo.

Ele riu. Um riso encantador.

E era ridículo. Eu me mudei para a maior cidade do mundo e ficava em casa comendo bolo. E o vomitava. Era uma existência infeliz, mas me sentia impotente para detê-la. A bulimia é a gêmea má do orgasmo. A penetração, obviamente, a perda de controle. É *la petite mort*.

– Sua mãe acha – disse ele, a monotonia da voz do Meio-Oeste tornando cada frase um fato incontestável – que foi Nova York que tirou isso de dentro de você.

– Sim, ah, sim, claro. Mas acho que Nova York fez isso no bom sentido. Como o uso medieval de sanguessugas...

– Trazendo a febre à superfície?

Não havia uma referência que ele não entendesse. Musical. Cinematográfica. Emocional.

– Sim. Eu me sinto imensamente grata à cidade. Sempre esteve ali, essa tristeza... Eu tinha 12 anos e passava a noite acordada, rezando para morrer... Mas isso nunca foi abertamente expresso antes de eu me mudar para cá.

O dr. R girou a cadeira.

– Acho que podemos dizer que a combinação de automutilação e bulimia foi o coquetel que deflagrou o evento.

Evento! Como em programação de eventos! Eu achava que o linguajar dele tornava meus atos menos assustadores.

Ele tinha razão. Eu havia parado de dar meus telefonemas diários a mamãe. Sempre falávamos três, às vezes quatro vezes por dia. Antes da tentativa, era mais difícil eu me conter. Eu ficava acordada a noite toda e dormia na maior parte do dia, deixando que a secretária eletrônica atendesse aos telefonemas. Quando eu falava, ou era monótona, ou tagarelava.

– Você está acelerada – dizia ela.

– Bom, isso porque tive uma ideia ótima para um filme. Chama-se *Mrs. Dolphin* e conta a história de um homem que se apaixona por um massageador dorsal em forma de golfinho.

Considerando que eu soava mentalmente divergente, é de se pensar que fosse fantasia minha quando eu disse que a alta executiva da Sony viera da Califórnia para discutir comigo a adaptação de meu romance de estreia para o cinema e para ver que outros roteiros eu talvez quisesse escrever. Mas é a verdade.

– Esta – disse mamãe, enquanto eu tagarelava sobre *Mrs. Dolphin* – não é uma boa ideia para um filme.

Fiquei ofendida. Recusei-me a falar com ela por três dias. Mandei meu argumento para a mulher da Sony. Não tive resposta alguma.

Ao mesmo tempo que eu evoluía dos cortes no corpo para cortes no rosto, comecei a me preocupar, terrivelmente, com a saúde mental de pessoas que nem conhecia.

– Eu gostaria – disse o dr. R na semana antes de meu suicídio – que você parasse de mandar presentes para Robert Downey Junior na prisão.

– Só acho que posso salvá-lo e que sou a única que pode. Estou mandando a ele fitas de música que vão ajudar.

– Em vez de mandar fitas a Robert Downey...

– Junior. – Fiz esta distinção como se isso desculpasse meu comportamento, por exemplo, que tipo de pessoa doente mandaria encomendas não solicitadas a Robert Downey *Senior*?

– Junior – cedeu o dr. R –, por favor, mande para mim.

Então dei a ele uma fita que gravei. E mandei uma fita para meu pai. Depois tentei me matar.

13 DE MAIO DE 2008

Conheci o dr. R na faculdade e me lembro de ter pensado que a expressão "homem da Renascença" parecia se aplicar a ele mais do que a qualquer outro que eu conhecia. Um estudante de medicina concentrado em história da arte que jogava bola e tinha riso fácil, ele era uma figura extraordinária, particularmente porque toda sua atividade intelectual e física era infundida de alegria e otimismo.

Lembro-me apenas de um momento de dúvida, quando ele voltou de sua entrevista na faculdade de medicina um pouco aturdido com o fato de que toda a conversa fora sobre arte. Os colegas que esperavam saber dele como tinha sido lhe garantiram que uma conversa dessas era um bom sinal, porque parecia reconhecer o que todos nós sabíamos – que seu entusiasmo era contagiante e que ele era um ser humano maduro, e não um aficionado em medicina sem interesses fora dos laboratórios de química orgânica.

Para o dr. R, a vida era cheia de alegria no presente e esperança no futuro. Mas ele não era ingênuo. Era um realista que encarava os fatos e um cético mergulhado em conjecturas. Sua confiança no futuro originava-se de uma firme crença de que era preciso esforço para transformar a esperança em realidade.

Doze anos após nos formarmos na faculdade, o dr. R respondeu ao telefonema de um amigo pedindo ajuda e ajudou a salvar minha vida. Ele agiu rapidamente, com elegância e calma – e com aquela eterna devoção à esperança. Nunca fui paciente do dr. R, mas estou vivo hoje porque ele foi meu amigo.

B (NOVA JERSEY)

Capítulo 3

Ao me mudar para a cidade pela primeira vez, passo a morar na Bleecker com a rua 11. Nos anos seguintes, o quarteirão será destruído por três lojas Marc Jacobs, uma Ralph Lauren e a Magnolia Bakery (que chamamos de "Studio 54, a padaria" porque as filas são grandes demais e tem seguranças na porta para moderar a multidão). Mas em 2001 a Magnolia é pouco frequentada, especialmente de manhã, quando como meu pãozinho diário de café da manhã, um bolo disfarçado. Ao lado fica o Moondog Café e uma loja esotérica. Há uma floricultura mal iluminada onde o dono grita: "Vou criar um buquê que Gianni Versace teria feito para uma sobrinha preferida!" Tem uma livraria, a Biography, onde fantasiam o golden retriever de Marlon Brando para o Halloween (ele tem uma camiseta branca com gola em V com um Marlboro enrolado na manga. Não grita "Stelllaaaaaa!", mas tem um latido sinistro).

O Namorado Ruim gosta de comer tarde da noite no restaurante marroquino da Avenue B. Em nosso primeiro encontro percebo, quando ele aparece, que seu casaco é um Helmut Lang e ele nota que eu tenho um colar com uma plaquinha de ouro dizendo princess. Não me sinto uma princesa. Ou melhor, sinto-me uma princesa gorducha, aprisionada e pouco à vontade. Uma Chelsea Clinton no tempo da Casa Branca. Como sou uma gata que não sabe o que é, uso calça de moletom com um Nike velho, mas suéter justo de Gina Lollobrigida. Estou imprensada entre a infância e a paixão. Meu cabelo escuro tem um corte curto e repicado, com pequenas mechas de louro e laranja nas pontas. Estou tentando parecer Roxy, minha velha gata casco de tartaruga da infância. Estou tentando parecer um gato morto. Tentando parecer uma velha estrela de cinema com quem ninguém se importa mais e de quem quase ninguém gosta. Tentando entender com que diabos pareço. Invejo as mulheres com penteados personalizados, perfumes personalizados, assinaturas personalizadas. Romancistas que dizem à revista *Vogue*: "Não vivo sem meu caderno Smythson, minha colônia Pomegranate Noir de Jo Malone e meus lençóis Frette." Nas garras da loucura, o materialismo começa a parecer um sistema de crenças admirável.

Graças a isto, penso que o Namorado Ruim tem sua vida arrumada. A única carta de amor que ele já me mandou diz:

Mesmo que eu pudesse comprar todas as lojas Prada do mundo, isso não expressaria o que sinto pela ursinha que de algum modo se perdeu neste vasto mundo.

No fim das contas, o Namorado Ruim não importa. Não tenho o número dele em minha lata especial: tenho os pedaços de papel em que os Big Three escreveram seus números na noite em que nos conhecemos. Fiquei com cada um deles desde o instante em que nos conhecemos. O Namorado Ruim, em vez disso, era produto daquela coisa americana feia – namoro: o romance como uma sucursal da contabilidade.

Naquele primeiro encontro, queimei a língua com cuscuz e cuspi na mão dele. Parecia que ele ia desmaiar. Mas continuamos namorando. Ele me deu maconha numa noite e eu traguei pela primeira vez e fiquei um zumbi por vinte e quatro horas. Lembro-me do corredor comprido do seu apartamento, com o colega dele do outro lado de uma cortina da IKEA, e do Namorado Ruim abrindo meu top e olhando, só olhando meus peitos, tocando e apertando-os. Depois ele me obriga a sair e comer alguma coisa. Pego uma colherada de sopa e deito-me no chão do café marroquino e vomito. Muito. Ele me arrasta de pé e eu vomito no prato do jantar de alguém. Ao sairmos, ele me entrega um folheto de vidente do quadro de avisos do restaurante que diz "Se Precisar de Um Anjo". É meigo. Ainda o tenho. O gesto foi meigo. Gente ruim faz coisas boas com muita frequência. Em minha memória esse gesto foi a versão dele em miniatura de Nixon e a China.

Outras coisas que ainda tenho: muitas fotos em série tiradas em cabines de fotografia.

Porque eu começava a sentir que não era mais deste mundo e porque estava fascinada com minhas costelas, que começaram a aparecer. Estou ciente de que estou morrendo. Do outro lado do país, embora eu ainda não o tivesse conhecido, meu Marido Cigano começava sua queda.

Ainda existem muitos motivos para ficar acordada, principalmente humanos, que me estapeiam metaforicamente para me manter consciente em vários momentos do dia. Existe Teeter, que tem cabelo rosa, olhos verdes e um fetiche pelo filme de aventura adolescente *Os Goonies*. Ela fica na escada de incêndio, citando o filme, como um solilóquio de Shakespeare:

"Vocês não entendem? Da próxima vez que olharem para o céu, será em outra cidade. Da próxima vez que fizerem uma prova, será em outro colégio. Nossos pais querem o melhor para nós, mas agora eles têm de fazer o que é certo para eles, pois este é o tempo deles. O tempo deles! Lá em cima! Aqui embaixo é o nosso tempo. É o nosso tempo aqui embaixo. E isso tudo acabará no momento em que subirmos no balde de Troy!"

Sua ligação com o filme é tão forte que ela um dia se mudará para a cidade do Oregon onde foi rodado. Por ora, mora no prédio ao lado. Podemos subir ao quarto uma da outra pela escada de incêndio. Em Nova York, uma escada de incêndio mútua parece infinitamente mais profunda do que um orgasmo mútuo.

De meus outros amigos, tem a Bianca, uma linda chilena do Queens que adora Run-DMC e os Ramones igualmente. Ela compra compulsivamente roupas de bebê. (Dez anos depois, após uma série de abortos espontâneos, teria seu primeiro filho. Comprou tudo novo para ele.) Angela sacaneia as pessoas que não são metaleiras o suficiente, que usam camisetas do Mötley Crüe para tentar ser descoladas e não porque realmente gostam do Mötley Crüe.

Shannon é uma quiroprática holista, que pode fazer um trabalho de cura energética em você enquanto bebe um mojito e lê a *US Weekly*.

Sarah Bennett, vulgo SB, tem uma boneca de pelúcia de Frida Kahlo no sofá e uma foto de Eudora Welty acima da cama. SB e eu somos pessoas muito diferentes. O melhor exemplo que posso dar de nossas reações divergentes é a época em que estávamos na seção de sorvetes do Whole Foods e "Rhythm is a Dancer" começou a tocar ao fundo. SB fugiu, mortificada, largando as compras no chão. Eu fiquei e dancei. Um dia fomos a um banheiro público e alguém tinha feito cocô *na tampa da privada*. Quando vi, gritei e quase desmaiei, SB basicamente teve de me levar para casa.

Peter mora ao lado. É fotógrafo de skate. Ele aparece para matar coisas para mim. Que tipo de coisas, não posso dizer – só as ouço correndo em minha bagunça de jornais velhos empilhados pelo apartamento e corro para a porta dele.

Karen é uma amiga de infância do Namorado Ruim e ele não quer mais saber dela, então eu fico com ela porque é inteligente, gentil, divertida, profundamente carente e ninguém a quer, nem mesmo a própria família, e isso parte a porra do meu coração.

Vários colegas de faculdade da minha mãe estão em Nova York. Eu tenho a família mencionada anteriormente. Tenho muitos lugares aos quais me voltar. Mas sempre que vejo minha família, eu mal converso e já tenho de pedir licença para me deitar um pouquinho.

Em geral vou ao Century 21, a loja de roupas com desconto localizada no World Trade Center, porque abre às sete da manhã e tenho muito tempo para matar. Circulo pelas seções e peço a opinião de mulheres no provador de roupas comum. Compro coisas, em parte porque só quero um motivo para falar e em parte porque, mesmo numa depressão horrorosa, sou incapaz de dizer não a preços no atacado.

O Namorado Ruim e eu finalmente rompemos e eu vou, chorando, ao Shopsins, que tinha se mudado. Era um restaurante na esquina da Morton com a Bedford. O dono impertinente, Kenny Shopsin, expulsa as pessoas do lugar se não gosta delas/de sua atitude/de sua cara. Todo dia eu comeria a enchilada de ovo e queijo dele, chamada "Blisters on My Sisters". Era louco. Tudo era louco. Não havia contexto para minha insanidade porque todo mundo era doido. Mas todos eram funcionais e eu não percebia que eu não era. "Você parece a Marilyn Monroe", Kenny me diz, o que interpreto como um elogio e digo um "obrigada" nervoso. Interrompendo, ele acrescenta: "Toda de veludo e velcro. Os homens te querem porque você é sexy e destruída e, quando fica difícil demais, eles podem dizer: 'Ei! Esse brinquedo está quebrado!' e jogam você fora sem culpa nenhuma."

Isso me deixa mais triste do que qualquer coisa que eu tenha ouvido.

Vou a um restaurante soul-food chamado Pink Tea Cup à noite para preencher minhas horas de vigília, assim não me sinto solitária. Como panquecas de noz-pecã. Café da manhã o dia todo parece esperança. Um novo começo à meia-noite. A jukebox é fantástica e eu procuro saber quais as músicas mais compridas que posso ouvir com uma moeda de 25 cents. Tem "Everybody Loves the Sunshine", de Roy Ayers, o cover de Donny Hathaway de "Jealous Guy", "Living for the City", de Stevie Wonder. É um fevereiro de congelar. O cozinheiro e a garçonete da noite no Pink Tea Cup me deixam jogar Boggle com eles.

Acho que o fato de Nova York ter ruas numeradas me mantém viva por um bom tempo. Continuo andando. Continuo em movimento. Por mais que eu possa me cortar, também há dor e realização, júbilo, é claro, em pisar na calçada. Da 11 para a 86. Da Primeira Avenida para a Décima. Escuto "The River", de Bruce Springsteen, sem parar. Penso em Ofélia. Sinto o peso de suas roupas ensopadas a cada passo. A hipermania corre como um rio que se aproxima de uma cachoeira. A depressão é um lago estagnado. Há coisas mortas flutuando e a água tem o mesmo tom preto-azulado de seus lábios. Você fica inteiramente imóvel porque tem muito medo do que está roçando em sua perna (embora talvez não seja nada, porque sua mente já se foi). Por isso você se deita na cama (no meio, com os lençóis azuis-escuros. As cortinas prateadas são um aceno à mania. Algo que pareceu uma boa ideia na época). Meu sutiã está pendurado na parede atrás da cama, crucificado por meus pecados. Tenho 36 sutiãs. Eu contei. Mantenho as mãos sobre os peitos em meus dias, semanas e meses na cama, como se alguém os pudesse roubar.

 Embora eu nem mesmo more em um quarto e sala (moro num conjugado. Tem uma parede construída no meio para dar a ilusão de dois cômodos), tenho uma colega de apartamento. Não lembro por que a aceitei. Talvez eu soubesse que devia ser vigiada. Mas ela raras vezes está aqui, porque sua vida é cheia demais. Está sempre ocupada em ser livre.

 Outra garota inglesa em Nova York, ela tem um penteado personalizado (uma pilha loura descorada no alto da cabeça) e um bordão ("Amei!"). Suas curiosidades estão todas em meu apartamento. Sapatos incrivelmente caros. Um violão rosa-choque inflável. Bolsas em que cabe um cabide de Mary Poppins.

 Estou magra, muito magra. Logo descubro que quando não tenho mais de me vestir para melhorar minhas curvas, uso meia calça de estampa de oncinha turquesa sob um macaquinho infantil, com tênis All Star de cano alto, ou meia-calça com meias até a coxa, short jeans e sapatilhas de balé que têm letras dos Smiths rabiscadas. As pessoas me param na rua. Pela primeira vez na vida eu estou na moda.

Depois, acontecem umas coisas. O Peter do skate não está ali para matar um percevejo. Andando pela calçada à procura dele, esbarro em um escritor que admiro, que elogiou com entusiasmo meu livro.

– Oi, eu sou Emma Forrest.
– Ah, oi, Emma.
– Obrigada pelos elogios.
– Eu gostei de verdade do livro.

Eu paro.

– Pode subir e matar um percevejo pra mim?

Ele me olha com se o percevejo fosse eu.

– Não.
– Não?
– *Não*. Não vou me envolver em sua vida.

Depois uma amiga me leva ao cinema, trazendo com ela o comediante paralisantemente tímido, Garry Shandling. Em seguida percebo que os cadarços dos sapatos dele estão desamarrados. Meu foco se perde em toda parte, olhando os cantos das pessoas, não os seus olhos. Às vezes as bocas. Com a tristeza vem um problema gritante. Sem dizer uma palavra a ele, abaixo-me para amarrar seus sapatos. Já amarrados, ele foge, e rápido. Minha amiga fica aborrecida. Eu sou tão louca, mais louca do que o comediante.

A terceira coisa que acontece é que encontro Sam, um amigo de um amigo que me queria para sempre. Eu não estava interessada nele e tinha namorado. Agora não tenho namorado e vou a festas sozinha. Digo a ele que estou solteira.

– Então você pode me beijar.
– Não, obrigado – responde ele. Ele me olha e depois para o chão.
– Não quero mais.

Quarto e último, fui ver *Ghost Dog*, o filme de Jim Jarmusch sobre um samurai urbano interpretado por Forest Whitaker. Só eu permitiria que Forest Whitaker tivesse um papel tão importante em minha decisão de morrer. Quando ele ganha o Oscar muitos anos depois, eu digo à tela: "Quero os sete mil que você me fez perder no St. Vincent's Hospital, seu filho da puta!"

Não tente se matar sem seguro porque, se você sobreviver, terá uma dívida muito alta e você vai querer morrer. Isso se torna um grande assunto com o dr. R. Graças ao que eu fiz, não posso pagar para vê-lo. Ele reduz seus honorários e os mantém reduzidos até o último ano de nossas sessões.

Antes de meu bilhete de suicida, há um bilhete de pré-suicida, um aperitivo, se preferir. Mando a meu pai uma sequência de fotos minhas tiradas em uma cabine de rua presas a uma folha de papel que diz "Emma ama papai".

Não me lembro de ter mandado.

A resposta de papai chega depois que saio do hospital, enviada antes que ele soubesse que eu fora para lá. Ele fotocopia as fotos, vira-as de cabeça para baixo e desenha a si mesmo – sua barba, a careca – em minha cara, acrescentando: "E papai ama Emma."

Capítulo 4

Pensei nisso pela primeira vez aos 13 anos. Tínhamos um banheiro grande com um mural de uma parede a outra de pavões e aves-do-paraíso, pássaros da selva e relva alta, inspirados em Gauguin. Também tinha um mural em meu quarto: meu pai me ajudou a pintar em letras imensas em minha parede: D.A.I.S.Y., que significa Da Inner Sound Y'all, o lema do grupo de hip-hop De La Soul, a primeira banda que amei. Eles tinham uma paródia no início do álbum *3 Feet High And Rising* com um falso apresentador de concurso de TV fazendo a uma falsa plateia de concurso de TV perguntas sem sentido: "Quantas penas tem uma galinha Perdue?"; "Quantas fibras estão entrelaçadas em um biscoito de trigo esfarelado?"; "O que significa toosh et leh leh pu?"; "Quantas vezes o Batmóvel furou o pneu?" "Vamos deixar que os concorrentes pensem e voltaremos depois dessas mensagens!"

Graças ao glorioso mural, o banheiro tornou-se um ponto de encontro da família, mais do que a sala de estar. Muitas conversas aconteciam enquanto papai estava na banheira, com as bolhas e um suporte de jornal elegante cobrindo sua dignidade enquanto lia o *Independent*. Mamãe estaria no espelho usando o que parecia um sabre de luz aquecido para fazer de sua cabeça de cachos étnicos pequenininhos rolos gordos e glamourosos. Lisa andava pelo cômodo, dizendo: "Não é *justo*! Não é *justo*!", porque, embora ela tivesse nove anos, agia principalmente como a Guardiã da Justiça. Lembro-me, no banheiro, já com certa idade, de comer uma barra de sabonete no formato do Urso Fozzie dos *Muppets* porque eu o adorava e queria consumi-lo, embora me deixasse doente. Eu ainda não conhecia a palavra "prenúncio".

Foi no sagrado local de reunião da família que um dia girei a chave de bronze na porta e subi numa cadeira para alcançar a prateleira do armário de madeira que guardava o Valium de minha mãe. Equilibrada na cadeira, inclinei os comprimidos e os segurei na mão, pesando-os, como se tivessem uma sabedoria a transmitir. Não os ouvi falar, então coloquei seis deles na língua e deixei ali, esperando pela mensagem. Não engoli, mas esperei morrer, ou meio que morrer, por alguns minutos. Não morri, eu os cuspi. Recoloquei-os no vidro. Tampei. Cuidadosamente, girei a chave. E desci para o jantar.

Quase sempre são comprimidos com as mulheres. É um escoamento lento que as mulheres procuram, como em um disco de soul clássico, quando o volume de Otis Redding vai baixando lentamente até sumir. O que acontece depois que some? O que os músicos estão fazendo agora naquela sala? *Leve-me para lá. Leve-me para lá.*

Capítulo 5

MANHATTAN SE ABATENDO SOBRE MIM. Depois de *Ghost Dog*, volto a pé para casa de mãos dadas com a ideia de suicídio. A ideia de suicídio é energia masculina com unhas manicuradas, feito um mafioso. Usa um casaco quente que cai por meus ombros e não sente o frio. Sabe a cena de *Os bons companheiros* em que Robert De Niro fica dizendo a Lorraine Bracco "tem um vestido pra você naquela sala. Aquela. Ande. Entra lá"? E ela sabe que está prestes a ser morta, então ela não entra? A ideia de suicídio induz você a entrar lá com uma conversa mansa, e embora saiba que está sendo ludibriado e saiba o que lhe está reservado, é um lugar aonde você vai querer ir de qualquer maneira.

A elegante Ideia de Suicídio segura a porta de meu prédio para mim. No calor do meu apartamento, pegamos a gilete e cortamos juntas, como quem bebe amigavelmente num bar. *L'chaim!* Olho novamente e a Ideia de Suicídio é um gerente me passando documentos importantes enquanto eu tiro sangue de minha pele com uma caneta de ponta afiada. "Assine aqui. E aqui. E mais uma vez aqui."

A Ideia de Suicídio é craque na bajulação. "Você é muito bonita", diz ela e eu coro, mas também acredito, a luz da ideia removendo minhas imperfeições. Tempos depois MC dirá "Você é uma ótima cama e muito bonita, mas não se importa com essas coisas", e por dentro eu rio sem parar, porque acho que é a minha vaidade o que a Ideia de Suicídio excita.

Deito-me na cama. Há papéis por todo o colchão queen-size, livros, jornais, uma garrafa de água, comprimidos. Comprimidos malocados, esperando, um pouco mais. Os comprimidos começam a bater. "Isso é muito gostoso", penso, como no momento em que entramos num banho quente, ou o momento em que ele desliza para dentro de você pela primeira vez.

E então a maré recua e há coisas no fundo do mar que eu não sabia que estavam ali: latas enferrujadas, garrafas vazias de Coca-Cola, aves marinhas asfixiadas em plástico. E não é mais gostoso. Em algum lugar ali tem um sino, talvez uma criança brincando com um triângulo. Estendo a mão para o triângulo para que ele pare. É o telefone. "Alô", digo do oceano.
É minha mãe.
– Emma? Emma? EMMA! O que você fez?
Como mamãe chama uma ambulância? Não chama. Ela ouve minha colega de quarto entrar. Eu larguei o telefone e entrei na mala para desmaiar, e agora estou inconsciente. Mamãe ainda está ali e ouve tudo. Ela ouve minha colega gritar. Ouve quando ela liga para a emergência de seu celular. Ouve os homens da ambulância chegando. Ela fica ali. Não vai a lugar nenhum. Minha mãe está aqui comigo, por tudo isso.

Por fim ela desliga para marcar uma passagem e poder ficar comigo naquela noite. Ela viaja de avião à noite e eu voo pela noite e no dia seguinte estamos num quarto de hospital juntas. Eu abro minhas pálpebras grudentas. Uma intravenosa vai de meu braço a um saco de soro. Estou num leito e ela está numa cadeira e tem mais alguém conosco – vigia de suicidas –, é do Haiti, ou é a enfermeira voluntária bêbada daquelas primeiras horas?

E-mail de mamãe a papai:
Assunto: *Isso e aquilo*

É meia-noite no meu relógio e estive fazendo limpeza por várias horas para poder respirar. Nada muda.

No momento, ninguém sabe o que fazer com Emma. Amanhã de manhã será avaliada pelo psiquiatra residente do St.

Vincent's. Talvez eles queiram mantê-la internada, mas acho que vou tentar tirá-la de lá. Não sei quanto está custando, mas vou descobrir com certeza amanhã de manhã. Eles não a conhecem, seguem as regras, e isso não me impressiona. Estou muito mais interessada que ela seja avaliada por seu próprio terapeuta e pelo farmacologista que tem lhe receitado os remédios que parecem tê-la ajudado nos últimos 18 meses. Queremos resolver o que causou isso. Saberei mais amanhã durante o dia.

Ela está insistindo que precisa continuar seu trabalho. Está fisicamente bem.

Pode ser bom se você descobrir alguma coisa sobre o seguro da AMEX – talvez possamos nos safar dizendo que ela teve um incidente psiquiátrico, desde que a trouxemos de volta ao Reino Unido. Eles certamente não vão pagar por nenhum tratamento maior.

Além disso, lembre-se, por favor, do lixo e de colocar no freezer o que precisa ser congelado. Devo ficar até sábado e pegar o voo que você marcou.

Esqueci meus plugs de ouvido.

Com amor, meu e de Emma.

Enquanto o hospital me prende, uma Karen inamistosa leva mamãe para jantar no Pink Tea Cup. Sei que Karen está grata por ser de alguma utilidade. Ela é como alguém que adora o fogo, ajudando a apagar o incêndio.

MAIO DE 2008

Seu pai/marido ajudou-me a ficar sóbrio. Ele era um homem muito, muito bom. Eu lamento muito.

D (NOVA YORK, NY)

Capítulo 6

Por alguns dias depois que saio do hospital, fico completamente lúcida. Estou abusada e transbordando *joie de vivre*. Não é gratidão. Consegui alterar meu estado de espírito. Por um tempo. SB e Teeter não desgrudam de mim. Mas perco vários amigos com a tentativa de suicídio.

– É compreensível – diz o dr. R. – Eles estão assustados. É uma coisa assustadora de se fazer.

Não *consigo* entender por que eu fui desconvidada das festas. Não estou vendo o panorama geral da situação.

Depois disso, não se pode voltar à vida como alguém que aparece na porta usando monóculo e cartola, dizendo: "Olá! Eu estava passando aqui perto, seguindo minha tentativa de suicídio fracassada, e pensei em dar um pulinho aqui para uns drinques!"

– Está surpresa que as pessoas não queiram te ver? – pergunta-me o dr. R.

– Acho que elas estão com inveja. É algo que elas pensaram em fazer. Mas eu fiz.

– Isso não é exatamente uma realização.

– Não. Eu fracassei.

Quem usa o suicídio para se aproximar são solitários em último grau, espiando do abismo deles para o seu. Karen telefona constantemente.

O dr. R quer me mandar para Silver Hill, a clínica de reabilitação/psiquiátrica de Connecticut. Mas sendo uma das 44 milhões de pessoas sem seguro na América, não posso pagar os trinta mil. Se formos a uma avaliação e eles me condenarem como um perigo para mim mesma, vão me internar de qualquer maneira e terei de encontrar os trinta mil ou enfrentar uma ação judicial. Decidimos voltar a Londres, embora não haja realmente nenhuma decisão. O Serviço de Saúde Nacional britânico é a única opção. Acho que essa devia ser a nova campanha do Ministério do Turismo britânico. "Inglaterra: quando for a única opção."

Mamãe vai na frente para procurar o tratamento disponível na terra do "Oh, puxe suas meias para cima!"

Chego ao aeroporto com minha bagagem de mão. Meus pais não estão ali. Papai fez com que eles se atrasassem porque teve medo, pensa mamãe. Então estou ali esperando no desembarque do Heathrow, sem ideia de onde está minha família, e não lembro como se usa um telefone público. Não entendo mais o dinheiro inglês. Não me lembro do número do telefone de meus pais. Sento-me no chão do aeroporto e choro. Chorar faz com que os cortes de meu pescoço inchem. Quando meus pais chegam, meu pai está subjugado. Ele não consegue me olhar.

Volto para a casa deles. Pelo que me lembro, subo na cama e os gatos de minha mãe aparecem para me reconfortar. Mas não é verdade porque nosso gato, Roxy, morreu dez anos antes, e mamãe não permitiu mais gatos desde então, quando Lisa convence meu pai de que eles são uma boa ideia. Então não há nada engatinhando por mim, só minha própria ansiedade.

Mamãe tenta entender como eu posso conseguir ajuda como paciente ambulatorial em algum lugar até que, acordada, em minha primeira manhã em casa, tomo uma boa xícara de chá e depois destruo o banheiro. Ser paciente ambulatorial não parece mais viável. Eu destruo o quarto. Escrevo em todas as paredes. Consigo escrever no teto. Como? Quando você está perdendo o juízo, sua mente pode conseguir o mesmo, as proezas impensáveis de um bêbado. Não sei como alcancei o teto. Fiz isso num sonho febril e fiquei chocada quando acabou, ao ver o que eu fizera. Mamãe fica apavorada.

– Seu pai vai ficar louco! – Quando você está insana, deixa os outros insanos. É como ver alguém bocejar. É contagiante. Mas

não é o que acontece. Papai chega do trabalho cedo. Examina em silêncio o quarto, como se fosse uma instalação de arte. Depois sai, chorando.
– São só objetos.
Ele me abraça.
– Como podemos ajudar você? O que devemos fazer? Eu o amo tanto. Mas:
– Não sei.
Agora é muito difícil expressar em palavras. Estou em transe. Alguém com uma profunda consciência espiritual pode estar em transe como eu, que estou tão profundamente perdida. Essa noite, num restaurante, coloquei meu braço no radiador escaldante para experimentar e sentir-me de volta à minha pele, chamar meu corpo de volta a mim (a queimadura que faço é meu Bat-sinal no céu). Mas não volto a mim. E sou levada ao hospital na manhã seguinte.

Não me lembro de como chegamos ao Priory (novamente, como um bêbado ou um paciente se recuperando de anestesia, você se lembra do onde, mas não do como). Lembro-me com clareza de ser admitida por um enfermeiro chinês que fica afrontado quando respondo a suas perguntas em uma voz monótona.

– Por que ela não falar comigo? Por que ela não gostar de mim? – perguntou ele a minha mãe.

– Humm, ela tentou se matar há pouco tempo.
Ele sai bufando intempestivamente e um novo enfermeiro vem terminar por ele.
Assine aqui, dizem a minha mãe.
E ela assina.
E fui oficialmente internada, dependendo de uma reavaliação.

Há muito tempo que eu não vinha a Londres, antes de ser forçada a voltar, e minhas visitas são poucas, espaçadas. E aleatórias. Os amigos mais íntimos não conseguem encarar. Os conhecidos que mantive a distância veem aquilo, talvez, como uma forma de me conhecer, embora no momento não exista um "eu" para conhecer.

Matthew – o "Lindo Matthew", um garoto que conheci quando morei em Brighton – me traz um cinto do McDonald's que ele achou no lixo e um exemplar de *Against Nature*, de Joris-Karl Huysmans. Andrew – não me lembro do sobrenome dele, mas sei que saímos uma vez e eu roubei uma camiseta de sua loja de skate e ele bebeu Goldschläger no St. James's Park – me traz um casaco da Bruce Springsteen and the E Street Band de um bazar de caridade. Embora eu não consiga me lembrar de seu sobrenome, ainda uso o suéter o tempo todo. Tem um buraco em cima do "E", que fica sobre meu coração. Ele sabe (devo ter contado a ele em nosso único encontro) o quanto adoro Bruce Springsteen. Admiro o cara por procurar sua paixão numa ala psiquiátrica. Ouço "Human Touch" de Bruce e da mulher dele, Patti, em meu Walkman à noite: o verso que diz *a little touch up and a little pain* me leva a uma época em que, depois da escola, como uma garotinha, eu me trancava ritualmente no banheiro e cobria minha cara de maquiagem, começando como uma especialista – delineador em caneta, lábios graciosos – antes de degenerar para uma cara de palhaço perverso. Eu dava uma boa olhada na cara terrível. Depois lavava tudo e descia para jantar. Posso ver a linha dali aos cortes. Antes de me cortar, mas depois da pintura na cara, quando aprendi um palavrão, eu o escrevia em minhas coxas ou na barriga e usava na assembleia por baixo do uniforme da escola. "Foda". "Boceta". "Puta". A assembleia da escola era apavorante porque eu tinha certeza de que ficaria de pé e gritaria as palavras que tinha na pele.

Tem pessoas muito mais loucas do que eu no Priory. A mulher-cachorro, que encara. Eu sempre achei a Joan Crawford uma grande estrela de cinema porque ela faz da encarada sua marca registrada, seu "lance". Esta velha é mais parecida com Eddie, a cadela de *Frasier*. Ela só encara as pessoas quando entram em seu campo de visão. E só o que ela faz.

Tem uma adolescente muito sexy que, para parar de se cortar, arranca cada pelinho das pernas e depois, sem dizer nada e sem perceber, curva-se e tira minhas sobrancelhas. Meus gatos fazem isso, diligentemente lambendo-se até que por acaso estão lambendo um ao outro.

Em meu terceiro ou quarto dia ali, tem um menino sem-teto que, como muitos pacientes, foi recolhido nas ruas. Ele tem uma suástica entalhada na testa porque umas vozes disseram a ele para fazer isso. Tenho muito medo dele, então me obrigo a entabular conversa. Ele pergunta o que estou ouvindo no Walkman e, envergonhada, digo "George Michael". "Gosto do George Michael", diz ele, furioso comigo por deixá-lo tão envergonhado. Nunca use a cultura pop como delineador com alguém que ouve vozes. Você não sabe o que eles ouvem entre uma melodia e outra. Em meu último dia, deixei meu Walkman para ele e todas as minhas músicas. Perguntei-me se seria mais fácil passar uma temporada num hospital psiquiátrico agora que existe o iPod, ou se isso impedia o progresso.

Há um adorável homem de meia-idade, um pai sério com filhos pequenos, calmo e meigo e não consigo por nada nessa vida entender qual é o problema dele, tão tranquila é sua voz e sua energia. Por acaso ele quebrou a perna e o braço subindo no poste de luz. Ele esperou até se curar e subiu novamente.

– Por que fez isso de novo? – ele é indagado na terapia de grupo. – Por que um poste?

Ele olha a terapeuta como se ela fosse louca.

– Porque é o poste que leva ao paraíso.

Os jardins são muito bonitos no Priory. Um quê de Edward Gorey, um pouco de Aubrey Beardsley. É de se esperar ver pavões e imagino que deve haver pacientes que, na realidade, veem pavões. É um lugar para um caso de amor gótico. Um lugar para se esconder do mundo. Só quando saí deste lugar foi que encontrei o amor pela primeira vez. Pode ser porque eu fiquei bem (duvido) ou porque os jardins, por osmose, entraram em mim. Isto é o amor: belo, secreto, luxuriante, a última chance.

Uma enfermeira da ala juvenil se aproxima de mim no refeitório um dia.

– Emma? – Eu pisco. Levo um momento para reconhecê-la como uma amiga de uma amiga. Costumávamos dançar juntas. Felizmente, estou cansada e medicada demais para sentir qualquer constrangimento, mesmo quando ela pergunta, "E então... como tem passado desde a última vez que nos vimos?"

Olho para ela por um momento.

– Não muito bem.

Ela sai e continua sua ronda.

Por algum motivo, eu me importo muito com o que visto no hospital. Ainda sou magra o suficiente para vestir coisas curiosas.

Você já comeu algo pavoroso de café da manhã, algo realmente ruim para você, um bolo de chocolate, e pensou "foda-se, é ruim, melhor continuar. Meu Deus, isso faz com que me sinta péssima, é melhor comer mais"?

E depois você deixa a última dentada, menos de uma última dentada, um pedacinho, um farelo, e diz a si mesma: "Pronto, não comi tudo. Isso não aconteceu. Você só processa as calorias se tiver comido até o último pedacinho esfarelado. Todo mundo sabe disso. Então, nós somos o máximo, né?"

E você sai assoviando, tenta pensar nas piores coisas de que podia deixar sobrar um farelo, e vem a hora do almoço. Se tudo isso parece bulimia, é porque é mesmo. A mentalidade é: eu comecei a trilhar um caminho em que preferia não estar e tenho vergonha, então é melhor continuar nele. Em algum lugar lá na frente vai se tornar uma rotina perfeita e uma coisa sensata a se fazer numa tarde. Toda a dor autoinfligida é excesso de consumo – heroína, crack, sexo, comida – até a anorexia e seu próprio caminho de onde você não pode voltar, mais ar, mais do nada. Espaço preenchido com espaço, até explodir. A anorexia não me serve, porque eu não poderia fazê-la funcionar rápido o bastante. O meio é a mensagem, e meu meio eram os cortes e a bulimia.

A galinha e o ovo: o que vem primeiro, olhar para si mesma com vasos sanguíneos rompendo nos olhos e vômito no cabelo e ter de se cortar porque você é tão feia? Ou comer tudo do armário da cozinha para tentar refrear os cortes que a deixaram feia? É loucura. E se você não sabe quem é, ou se o seu self real lhe escapa como ondas que recuam, a loucura pelo menos lhe dá uma identidade. O mesmo acontece com o ódio de si mesmo. Talvez você seja apenas normal com uma aparência normal, mas esta não é a sua identidade real, não como a feiura é. A normalidade, só a simples aceitação de que você provavelmente tem uma aparência normal, carece do campo de força protetor da autoaversão.

Se você não sabe quem é, a loucura lhe dá algo em que acreditar, e enquanto estou presa no Priory, dissolvendo-me na minha, MC torna pública a dele. Em nossa TV coletiva, há um flash momentâneo dele sendo entrevistado sobre seu primeiro grande filme. Ele parece bêbado.

– Mas que cara bobo – digo a minha colega anoréxica.

Ela bufa.

– Eu não o expulsaria da minha cama. – Ela não tem forças para expulsar ninguém.

Eu também trouxe escondida uma câmera descartável. Isto não se mostra inteligente, pois os pacientes começam a atuar. Uma mulher me aparece com queimaduras no rosto, infligidas em si mesma com um isqueiro. Eu guardo a câmera. Uso o filme para tirar fotos de mim na cama, fotos tipo MySpace, de bochechas encovadas, fazendo beicinho. Percebi isso nos autorretratos de Lindsay Lohan e Britney Spears: elas sempre chupam as bochechas e fazem beicinho, independentemente das circunstâncias, aparentemente sem saber que são as cicatrizes, e não as maçãs do rosto, que captam a luz em seus posts no Twitter.

Depois de uma semana, ainda estou confusa, mas o tédio começa a se esgueirar pelas beiradas. Na terapia de arte, pinto um retrato do jovem Rod Stewart e intitulo *Rod, o Mod!*. Não sei o que deu em mim. Ele não significa nada para mim, mas o retrato tem uma boa semelhança. A professora de arte dá a ele uma atenção excessiva e diz que é muito revelador. Tenho pena dela. O pai de meia-idade desenha um poste telegráfico em que não pode subir. Significa tudo para ele. Ela passa por ele rapidamente. Os comprimidos que me dão me deixam catatônica a maior parte do dia. Parece que estou andando na lama. Mamãe diz que meus olhos rolam para trás.

– Talvez – concordo, e penso no quanto gosto de círculos, e de Kandinsky, e depois a hora de visita acaba e ela vai embora. Como eu sou um caso de suicídio, depois que as luzes se apagam eles vêm me olhar a cada cinco minutos. Alguns dias antes de eu ter alta, minha mãe tem permissão de me levar a Londres em uma visita de sábado. Vamos ao cinema, *Erin Brockovich*, pelo qual Julia Roberts ganha um Oscar enquanto se esquece de agradecer à própria Erin Brockovich. Será verdade que eu peguei o metrô para voltar ao hospital sozinha? Sei que olho nos olhos das pessoas até elas precisarem virar a cara. O bom de ter tanto medo de mim mesma é que fico satisfeita em descobrir que assusto o povo na rua. Tenho permissão de sair depois de duas semanas, diagnosticada como maníaco-depressiva de ciclo rápido, o que significa que, em vez de seis meses na cama e depois seis meses delirante, minhas oscilações de humor ocorrem loucamente no espaço de uma hora.

Acho que o Priory não serviu para muita coisa, além de me dar férias forçadas da vida e dívidas que levarei muitos anos para pagar.

GROVELAND PRIORY HOSPITAL

Testes Iniciais & Avaliações £300,00
(Cobrados à vista na internação
além da diária de leito)

Diária de Leito – Padrão £325,00

Diária de Leito – Alta Dependência £355,00

Diária de consulta £45,00

(Uma diária cobrada pelo seu médico por ter a responsabilidade clínica por seus cuidados. Embora o médico seja responsável por seus cuidados durante toda a sua permanência, ele pode não ver você todo dia.)

A *diária de leito cobre acomodações (quarto individual com banheiro), cuidados básicos de enfermagem, psiquiatra de serviço e médico interno, medicação, programa de tratamento e todas as refeições. Exige-se um depósito de £3.000,00 na internação, seguido de £3.000,00 semanais pela duração da internação (favor ver "Requisitos Financeiros para Admissões Autofinanciadas").*

ENCARGOS CLÍNICOS ADICIONAIS
(Cobrados quando apropriado)

Honorários Iniciais do Médico	Cobrado por médico
Enfermagem Especial	£26,00

(Cobrados por hora além da Diária de Leito Padrão)

ECG	£96,00 cada
ECT	£211,00 cada
Fisioterapia	Cobrada por sessão
Ambulância/Transporte	Cobrada por viagem
Enfermeiro Acompanhante	£19,00 por hora

Raios X & Scans	Cobrados por procedimento
Terapia Familiar	£85,00 por sessão
Medicação Pós-alta	£10,00 por dia

DESPESAS PESSOAIS ADICIONAIS

Jornais/Revistas etc.	Cobrados por item
Telefonemas	24 pence por unidade
Refeições a Visitantes (tíquetes disponíveis na recepção)	
Refeição Principal	£7,50 cada
Lanches	£3,50 cada

LICENÇA TERAPÊUTICA — **ALTA**

1ª e 2ª noites – Diária cheia antes das 14h	Sem Cobrança
3ª noite fora – Cobrada meia diária 14h-18h	Cobrada meia diária
Noites subsequentes – sem cobrança depois das 18h	Cobrada diária cheia

A Secretaria de Admissão ou equipe de Contabilidade terá prazer em aconselhar sobre todas as cobranças destes honorários.

Em minha primeira noite em casa, papai está rabiscando com caneta hidrográfica nas páginas do *National Enquirer*. Ele levanta a cabeça de seu trabalho e diz:
— Queria ficar em casa o dia todo e desenhar bigodes nas fotos da Britney Spears. — Spears ainda é jovem e desejável, não é ainda a Blanche DuBois de Daisy Dukes. Espero que sua mania de colocar

bigodes nela tão perto de minha saída da ala psiquiátrica não tenha condenado Britney, pela tinta, ao mesmo destino.

Há um médico no Priory a quem sou compelida a ver como paciente ambulatorial. Não me lembro muito dele, mas tenho todas as suas contas. Tenho suas cartas de acompanhamento onde ele não sabe meu nome nem o nome de minha mãe, mas se certifica de tentar pegar meu dinheiro. Imagino que é um capítulo de um livro de Helen Gurley Brown: "Uma garota moderna paga por seu próprio tratamento psiquiátrico."

Quase de imediato, quero voltar a meu apartamento – mesmo em meu estado, sou nova-iorquina o suficiente para saber que é uma pechincha que não devo deixar de lado. Quero voltar a Manhattan. E quero voltar ao dr. R. Ligo para ele da casa de meus pais. Falamos por meia hora, o suficiente para ele concluir que não gosta dos remédios que o Priory me dá. Depacote, anos 1950 demais – embora isso pareça combinar comigo, a garota atávica que sou ("Talvez eu tome o mesmo remédio de Bettie Page!", penso. Ainda estou um tanto animada com minha loucura). Mais tarde descobrirei que o dr. R é um psicofarmacologista de grande talento e por isso seu erro de cálculo inicial o magoou. Ele acerta da vez seguinte. Por ora é só sua voz ao telefone que ajuda a estabilizar meu humor.

16 DE MAIO DE 2008

Nove anos atrás, o dr. R salvou minha vida. Graças a ele, meus pais tiveram sua filha de volta. Temos uma dívida eterna e somos eternamente gratos pela dádiva de sua presença em nossa vida. Com o passar dos anos, eu brincava com ele dizendo que ele era um otimista terminal. Graças a Deus ele era assim; peguei carona em sua fé e entusiasmo por um longo tempo.

Levarei o dr. R comigo sempre. Eu me esforçarei para imitar sua gentileza e equilíbrio, especialmente perto dos que são doen-

tes e sofrem, como eu era quando tive a sorte de ficar sob seus cuidados.

Esta perda é grande demais para descrever.

A (NOVA YORK, NY)

Capítulo 7

Há uma série de fotos minhas de calcinha e sutiã e meias três-quartos, sangrando por toda parte. Foram tiradas por um fotógrafo sem nome, um deus da moda, uma semana antes de minha tentativa de suicídio.
– Talvez eu pendure esta – diz o dr. R quando mostro a ele.
– Não.
Estendo a mão. Vou até ele, pairo acima de sua cadeira.
– Eu pareço gorda.
Ele não suspira nem ofega. Ele toma notas.
– Você sabe que não é gorda.
– Sei disso. Eu disse que *pareço* gorda.
Tiro-as das mãos dele, guardo e falo rapidamente:
– Que adianta ser de um jeito, se na posteridade você parece ser de outro?
– O que define você não é parecer maior do que é numa foto. Isso definiria algumas mulheres. Mulheres superficiais e perturbadas. Não você.
Por mais que eu ficasse na frente dele dizendo "eu sou superficial. Sou perturbada", ele nunca repetia isso para mim. Numa relação amorosa, você pode fazer a pessoa dizer isso. Sempre consegui que meus namorados dissessem isso para mim.
Se você mija atrás de um poste quando tem 20 anos, isso é displicente, excêntrico e atrevido. Se mija atrás de um poste aos 38, é simplesmente nojento. Ou não é? Se você é um homem de 20 anos que fica piscando para as garotas, isso é arrojado. Se faz o mesmo aos 38, é asqueroso. As pessoas não sabem. Não nos conhecemos tanto para dizer a nós mesmos o que realmente sabemos dos outros.

Podemos falar da profundidade da dor que sentimos pelos amantes que nos abandonaram porque os conhecemos muito bem. Sinto pelo dr. R uma dor intensa, saudade e, na verdade, uma ligação genuína. Mas não o conheci direito. E, neste sentido, ele é uma zona de segurança. A mais segura e também a perda mais desafiadora que posso imaginar. Quer dizer, de quem tenho saudade? Sei um pouco de nossas sessões e um pouco por seu obituário.

Ele amava: Barbara (obituário).
Ele amava: Sam e Andy (obituário).
Ele adorava: *The West Wing* (nossas sessões).
Ele adorava: windsurf (obituário).
Ele lecionou na: Columbia (Barbara me contou).
Ele se especializou em: psicose da cocaína
   (seus livros na Amazon).
Ele passava os verões: nos Hamptons (nossas sessões).
Ele adorava: musicais (nossas sessões).

Não sei onde morreu. Não sei como morreu. Preciso saber. Sei que o dr. R esteve na minha vida por mais de oito anos por que estou ficando triste ao imaginar o que ele pensaria de Barack Obama. E depois coisas tolas. Quando alguém morre jovem demais, pensamos em todas as coisas que ele perderá, o crescimento dos filhos, seus anos crepusculares com a esposa, mas também dizemos: "Não acredito que ele perdeu a imitação que Tina Fey fez de Sarah Palin." Você estende a mão para os céus por sua sabedoria (quer acredite ou não no céu, é onde você se segura, como os suicidas que pulam de pontes e morrem de braços deslocados, tentando instintivamente se segurar) e no mesmo fôlego não suporta que ele tenha perdido a concepção de Tina Fey de uma mulher que ele não viveu para ver.

Capítulo 8

Só se passaram seis meses desde que saí do hospital e quero ver a cobertura das eleições com meus amigos perto de mim, mas minha casa está suja demais para que eu deixe alguém entrar, então alugo um quarto de hotel. Ainda vivo numa bagunça; ainda gasto dinheiro loucamente (mais fácil alugar uma suíte de hotel do que fazer uma faxina); ainda não consigo entender por que alguém acha que o fato de eu me cortar seja um problema. Oh! Uma coisa engraçada! Quando voltei do hospital, o Namorado Ruim e minha colega de apartamento inglesa ficaram juntos. Então não tenho contato com nenhum dos dois. Mas não estou aborrecida demais, porque tem um cara – Mike – cujo afeto estou decidida a perseguir e capturar. Eu costumava sentir necessidade de objetos materiais para ser feliz. Aos 11 anos, sabia que "as coisas ficariam melhores se eu tivesse uma saia florida até os pés nas cores do outono". Vovó riu e fez a saia de minha imaginação para mim. Eu vesti. E depois chorei, porque as coisas não melhoraram.

Tentei encontrar a felicidade pela cor do cabelo. Nas eleições de 2000, eu tinha um cabelo que devia ser louro, mas ficou um laranja-acinzentado. SB diz que tem a mesmíssima cor do topete de um vilão dos *Sopranos* chamado Ralph Cifaretto, que mata de pancada uma amante adolescente.

– Não é assim que quero que fique – explico à minha mãe em nosso telefonema diário.

– Oh! – diz ela. – Mas o cabelo dele é bonito!

Então, eu pareço Ralph Cifaretto, a Flórida é o fiel da balança e estou decidida que Mike, cheio de saúde e do Meio-Oeste, faria

com que eu me sentisse estável se o tivesse. Se eu tivesse alguém como ele, ficaria provado que sou estável, depois eu não teria de me esforçar para chegar lá. Mike é um bom rapaz de Ohio. Ohio Mike. Quando me mandam entrevistar Brad Pitt para a capa da *Esquire*, as primeiras palavras que saem de minha boca, quando ele entra na sala, são: "*Oh*. Você não é tão bonito quanto Ohio Mike."
– Quem é Ohio Mike? – Brad pergunta, de modo afável, pois ele é todo afável.

Estou de mangas compridas com furos especiais para poder encaixá-las em meus polegares, nem um pontinho de pele visível, tão cobertos de cortes que estão.

– O cara de quem eu gosto é mais bonito do que você.

Existem duas histórias de que me lembro (entrelaçadas pela hipermania), uma história de amor e uma de arte, e as duas de um tipo de revolução de que gosto muito. Insisto na história de Che Guevara seduzindo Aleida, que se tornaria sua mulher, contando a ela que ele partiria para derrubar o governo boliviano e será que ela queria ir com ele?

A outra pela qual sou obcecada é de Bob Dylan vendo a violinista Scarlet Rivera andando pela rua com o estojo de violino e espontaneamente convidando-a a ir a seu estúdio com ele. *Desire* saiu no ano em que nasci. Violinos numa revolução. Ícones tentando conseguir que as esposas fiquem, outros seduzindo-as pela primeira vez. Às vezes é Bob Dylan que, em minha mente, termina morto e postado, como Cristo, nas mãos da CIA. Che, enquanto isso, converte-se brevemente ao cristianismo e escreve um roteiro mal recebido.

Talvez seja porque sou maníaca, mas posso conjurar as pessoas. Uma semana depois de ouvir sem parar *Desire*, vejo Bob Dylan nas ruas do centro de Nova York.

A minha suíte no Soho Grand é um curral eleitoral onde acampam SB, eu, Ohio Mike, seus amigos Ohio Bob e Ohio Joe. São homens enormes, parecem latas de cerveja com pernas. Eles trabalham com as mãos e são donos de suas ferramentas elétricas. Eu não conhecia homens assim. Estava acostumada a garotos londrinos com suas gravatas e corpos fininhos. Ou judeus em formato de pera da árvore genealógica da família. Eles não conheciam garotas como eu. SB sabe que as coisas não vão dar muito certo nestas eleições e ela fica num canto, lendo Philip Roth.

Nenhum desses homens precisa nem quer que lutem por sua alma. Meu Deus, eu tinha tanta briga dentro de mim e ninguém em quem atirar (um jogo de queimado. Porque, pelo menos, se eu pudesse salvar alguém pelo amor, eu estaria queimando a mim mesma).

Propositalmente, decido me exibir.

– Se Bush ganhar, vou jogar meus sapatos pela janela – anuncio, porque não tem gente suficiente olhando para mim.

O resultado é inconclusivo por causa da Flórida, então atiro um pé de sapato pela janela. De imediato me arrependo, como em tantas de minhas decisões maníacas. O TiVo ainda não foi inventado e minha vida já está cheia de momentos TiVo: deixe-me rebobinar isso. Deixe-me pular esta parte. Isso não aconteceu!

Posso ver meu Nike de cano alto na neve depois da cerca de alguém, tão perto e no entanto tão longe. Vou para casa a pé com meu único tênis, a neve da mesma papa cinza de um parlamento suspenso. Na esquina da Bleecker com a Sexta Avenida, vejo Susan Sarandon zunindo na minha direção com uma scooter. Nunca a conheci, mas ela faz parte do mundo absurdo do meu pai. Se você come uma das batatas fritas do meu pai, ele rebate: "Ei! Eu estava guardando para a sessão espírita de Susan Sarandon!" Em seu website, jeffrey-friedchicken.com, pode-se encontrar uma lista parcial de outras coisas guardadas para o grande dia (um exemplar do *Independent*, um Twinkie, Ron Howard).

Olho para Susan Sarandon, tão elegantemente equilibrada em sua scooter e em sua vida. Estou constantemente procurando maneiras de ceder o controle de minhas preocupações a alguém, qualquer um, e ela está na minha frente, então eu a paro e, sem me apresentar, pergunto: "Susan? Como é que vamos passar por quatro anos de George Bush?"

Estamos no ano 2000, então nem sei metade da história. Ela freia a scooter e me olha fixamente.

— Bom, nós passamos pelo primeiro. Vamos passar pelo segundo.

Ela tem o mesmo ritmo de calma do dr. R.

A Susan de scooter me ajuda a passar o tempo até minha próxima sessão de terapia.

Capítulo 9

Estou enroscada na poltrona de couro como um gato e o dr. R está recostado em sua poltrona de couro como um gato de mais classe. Eu sorrio para ele. Ele também sorri e escreve algo em seu bloco amarelo.

– O que está escrevendo?
– Só tomando notas.
– Sobre mim?
Ele revira os olhos.
– Sim, sobre você.
– Está me desenhando?
– Mais ou menos.
Decido que se o dr. R fosse de uma boy band, ele seria o irreverente.
– Se você fosse de uma boy band, seria o irreverente.
– Hein?
– É, todos têm uma personalidade diferente. Tipo: o irreverente, o inocente, o casca-grossa!
Eu penso.
– Podiam fazer uma boy band de transtornos psiquiátricos... O bipolar, o dismórfico corporal...
– É verdade, o obsessivo-compulsivo.
– E se fosse o spin-off de um seriado, como *The Colbys* era de *Dinastia*...
– O que é isso?
– É, *Dinastia* foi uma derivação de *The Colbys*. Mas então, podia-se fazer um spin-off com fobias inclassificáveis, como a do medo de dançar.

– Isso é corofobia.
– Tudo bem, depois a do medo de si mesmo.
– Chama-se autofobia.
– Caramba. Tem nome pra tudo.
– É verdade.
Eu fungo, como se não soubesse o que perguntar, embora tenha certeza absoluta.
– E então... eu sou o quê?
– Classificar nem sempre ajuda muito.
Ele escreve alguma coisa.
– Estou falando sério. O que eu sou?
Ele sorri novamente.
– Você é Emma.
Esta seria uma boa hora para dizer que experimentei vários psiquiatras e terapeutas, desde os oito anos. Está em nosso sangue de judeus; está em nosso sangue de intelectuais; como burgueses, talvez; *talvez* esteja em nosso sangue porque somos psiquiatricamente doentes.

Inventário – Terapeutas malsucedidos que tive antes de encontrar o dr. R:

1 X *psicóloga húngara (lembranças infelizes de Cloris Leachman em* Jovem Frankenstein*)*

1 X *loura impecavelmente penteada que tinha consultório ao lado da casa que não podíamos comprar (lembranças infelizes de Catherine Deneuve em* Belle de Jour: *dona de casa entediada trabalha nas horas vagas como psiquiatra, e não como puta. Nota ao self: boa ideia para um filme)*

1 X *judia bem-intencionada (lembranças infelizes das tias-avós a quem tive de escrever cartas de agradecimento quando me*

mandavam coisas que me davam coceira. Diz o Cão de Pavlov: eu me coçava em todas as sessões dela)

Por que uma menina de oito anos precisa de terapeuta? Bom, qualquer um que possa ter um terapeuta, devia ter um. É o que me lembro de minha mãe dizendo. Além disso. Eu era louca. Não, eu estava com problemas. Fui ameaçada de expulsão.

Escrever isto não é pouca coisa – que o início deste caminho para o "bem-estar" estivesse sob pressão, que eu era mandada para lá como vilã. Também fui mandada por acusações erradas. Esta é a verdade. Eu não fiz. Eu quis fazer. E então tive medo. Ella fez. A mãe dela me culpou. Eu disse a Ella que devíamos mandar um bilhete sexual a Lucy e fingir que era de um garoto de uma série mais adiantada que a nossa. Dizia literalmente: "Encontre-me na biblioteca depois da aula para fazermos mais sexo." Eu escrevi o bilhete, depois me acovardei. Ella pegou na minha bolsa e colocou na carteira de Lucy. A diretora analisou a letra. Juro por D'us que só faltou ela chamar o MI5.

Eles sabiam que não fui eu?, perguntei recentemente a meus pais. "Bom, não." Por que eu nunca falei nisso antes? Ora, essas coisas começam a importar cada vez menos, não é? Ou será que assumimos os papéis que nos dão porque é um alívio, por mais desfavorável que seja, ter um papel? Mesmo na injustiça havia uma gratidão por eu não precisar me entender porque eles decidiram por mim? E porque eles fizeram isso, eu fui enviada a meu primeiro psiquiatra para me entender. O que nunca aconteceu. Não naquela idade. Eu simplesmente saboreava o brownie de chocolate que minha mãe me comprava no caminho para a terapia.

Eu dizia a meus colegas de turma que eu estava indo às aulas de hebraico, o que era uma invenção estranha, uma vez que minha irmã e eu éramos as únicas judias da escola. Fazia-me parecer ainda mais um peixe fora d'água. Mas eu continuava comendo o brownie, olhando os sapatos plataforma da terapeuta. As pessoas concluíram que eu estava melhorando e fui convidada para uma festa. Minha mãe me levou para comprar uma roupa especial, preparando-me para essa festa a que uma criança foi obrigada a me convidar porque minha mãe reclamou que os convites não deviam ser entregues em aula se não convidassem toda a turma. Preparando-me para uma coisa para a qual eu não era bem-vinda e não tinha lugar.

O estranho eram as mães que antipatizavam abertamente comigo. Elas sabiam, por serem adultas, que havia algo fora de lugar em mim, algo que nunca se encaixaria. As meninas me encurralavam no banheiro para me dizer: "*Minha* mãe disse que a *sua* família é comum."

Lucy, a que escreveu o bilhete, disse: "Não se sente mal por ter matado Cristo?", e eu disse: "Não, eu me sinto bem", e depois ela me chamou de crioula. Lucy era grega. Precisei chegar aos 27 anos, num trem da linha 6 rumo ao dr. R, para pensar: "Ei, espere aí. Na escala étnica, se os núbios estão aqui e os suecos lá, os judeus e gregos não estariam no mesmo lugar?"

– Dr. R? Não acha que, na escala étnica, os judeus e gregos ficam no mesmo lugar?

– Parece correto. Com base nas contribuições à escala da humanidade também.

Pego uma folha de seu bloco e desenho-lhe com dificuldade a escala étnica.

– Isso importa? – pergunta ele.
– Sim.
– Por quê?
– Porque não é justo.

Ele ergue as sobrancelhas. Escreve alguma coisa.

– Nunca soube que a vida não é justa?
– Não.
– Seria uma época estranha para começar.
– É.
– Talvez seja melhor só seguir com as coisas boas.

Olho o diagrama que desenhei.

– Os judeus vencem.
– Como chegou a isso?
– Dãáã! – Entrego-lhe a folha de papel. – Nós inventamos a psiquiatria.
Eu sorrio.
– E depois compomos músicas sobre isso.
Eu canto uma música de *West Side Story*:
– "Officer Krupke, you're really a square/ This boy don't need a judge, he needs an analyst's care..."*
O dr. R, radiante, canta, muito mal:
– "It's just his neuroses that oughta be curbed/ he's psychologically disturbed!"**
Nós nos divertimos muito em nossas sessões. Nossas sessões em geral eram a coisa mais animada que eu tinha na semana. Não maníaca, como quando eu ouvia "Pata Pata" de Miriam Makeba quatorze vezes seguidas. Só adequadamente feliz. Outros pacientes lembram-se dele como um sujeito que se vestia mal, mas para mim o dr. R vestia-se de forma estranha como meu pai, que usa short e sapato de advogado preto de couro nos resorts na praia.
– Sabia que todos os homens judeus são meio gays? – pergunto ao dr. R pouco depois de nos conhecermos.
– Sabia! – diz ele, com muita franqueza, girando sua cadeira.
Estimulada, acrescento:
– Que todos eles adoram musicais?
– Eu adoro musicais!
– É, o meu pai adora...
– Qual é o preferido dele?
– Humm, *O vendedor de ilusões*.

---

* "Policial Kruppe, você é mesmo careta/ Esse rapaz não precisa de um juiz, precisa de um analista." (N. do P.O.)

** São suas neuroses que precisam ser controladas/ ele está psicologicamente perturbado." (N. do P.O.)

– Eu *adoro O vendedor de ilusões*!

Desde o início, o dr. R parece da família, mas no bom sentido. Como um parente a quem você nunca teve de escrever uma carta de agradecimento porque ele nunca te mandou nada que coçasse.

Numa tarde, cheguei ao consultório dele muito agitada.

– Conhece a banda Coldplay?

Ele meneia a cabeça.

– Conhece, sim.

Ele dá de ombros.

– Tá. Tudo bem. Está saindo com um deles?

– Ora essa, NÃO! Meu Deus, dr. R! Por que achou isso?

– Histórico.

– Tudo bem. Pois é. Coldplay. É uma banda e eles são muito famosos e o cantor se chama Chris Martin e eu fico vendo o cara em meu bairro cuidando da vida dele com um chapéu ridículo.

– E daí?

– Parece um chapéu de bobo da corte, feito de lã. Por que Chris Martin usa um chapéu desses? O que isso quer dizer?

O dr. R estende as mãos como um comediante estilo Borscht Belt tentando fazer a plateia se acalmar.

– Não acho que signifique alguma coisa, Emma.

– Significa alguma coisa.

Ele me distrai da distração.

– Estou mais preocupado com a sua automutilação.

– É mesmo? – Falo dessa maneira: – Que excentricidade a sua.

Ele ergue as sobrancelhas para a folha do bloco. Numa fração de segundo ocasional flagro nele um suspiro interior de "Ela é doida!". Isso me faz confiar mais nele.

Quando as pessoas dizem "Como vai?", ele é o único a quem posso verdadeiramente responder: "Cara, eu não estou nada bem."

Ele nunca diz "não me chame de cara".

Capítulo 10

CONHEÇO GLORIA STEINEM DEPOIS QUE MINHA AMIGA, a poeta e militante Sarah Jones, fala com ela sobre um romance que escrevi, um opus da automutilação. Gloria Steinem, que eu admirava desde muito, muito tempo, ouve-me descrever o livro, depois pergunta se eu sofri abuso sexual. Contei que estávamos numa escada rolante? Depois de uma exibição de *Sob o domínio do mal*? O remake com Meryl Streep? E que eu estou segurando um balde pela metade de pipoca? No degrau de baixo, viro a cabeça para Steinem.

– Não. Não sofri abuso sexual.

Ela diz:

– Tem certeza?

Digo que tenho certeza e ofereço-lhe uma pipoca.

A luminária Tiffany parece brilhar demais naquela sessão na 94 leste.

– Dr. R, Gloria Steinem me disse que a maioria dos que se cortam sofreu abusos sexuais.

– Uma parcela significativa – diz ele, virando a cúpula da luminária para baixo, sabendo agora qual piscar de olhos refere-se a um desconforto circunstancial específico.

– Está bem, então a maioria dos que se cortam sofreu abuso sexual. E só que: eu não sofri.

– Tudo bem.

– Então, parece que eu fui superdefensiva e evasiva com uma de minhas grandes heroínas. Em uma escada rolante.

Por acaso esta é uma sessão dupla, algo que raras vezes acontece. E é estranho que levemos tanto tempo, porque ele em geral fica

em silêncio. Ouço a mim mesma falando e penso: "Pare de falar agora, deixe que ele diga alguma coisa." Mas eu não paro.
– Não sofri abuso sexual na infância. Acho que eu era como quase toda mulher que conheço, sexualmente confusa quando criança.
Ele assente.
– Alguma coisa específica?
É claro, é claro que tem algo específico. Algo com uma paisagem específica e até um cheiro específico. Coloco a cabeça nos joelhos, depois volto a me sentar direito.
– Eu estava trabalhando para o *Sunday Times*, escrevia sobre música. Tinha dezesseis anos. Nunca fizera sexo. Conheci uma mulher num show dos Breeders que eu cobria para fazer uma crítica.
– Levanto a cabeça. – É uma banda ótima, muito boa. – Digo isso como se de algum modo qualificasse o que vem a seguir. – E a mulher era de San Francisco e conversamos durante o show todo e até tarde da noite... Ela estava com quarenta anos, era linda e estava sozinha ali... E disse: "Venha comigo para a Califórnia."
Ela era baixinha, com a pele muito branca e um cabelo platinado, como se o penteado de Louise Brooks tivesse se arruinado no banho.
– Ela era meio mística, pela aparência, pelo modo como falava, por estar ali enfim, naquele mar de adolescentes pagando. Ela me fez pensar em uma das deusas de meu baralho oracular. Peraí. Estou contando errado. Ela me deu meu primeiro maço de cartas das deusas. Eu não sabia o que ela me lembrava, só depois que a deixei. Mas então. Sabe que sempre adorei ficar perto de mulheres mais velhas...
– Sei.
– E ela era da porra de uma banda!
Não uma banda de sucesso, eles ainda nem tinham contrato, e aos quarenta isso devia ser improvável. Mas eles se apresentavam regularmente em San Francisco, tinham fãs lá.
– Então fui passar uma semana com ela, fui por estar, sinceramente, caída por ela. Nunca fiquei com uma mulher, mas queria

muito, muito mesmo ficar com ela. Ela não dava nenhuma impressão de ter essa inclinação, por falar nisso. Eu é que simplesmente estava fixada nela, como me fixava num vestido, num livro ou num batom.

Ele risca um traço em esferográfica aqui e outro ali, levanta a cabeça por meio segundo e simplesmente sorri quando eu digo:

– Ela não falou que tinha marido.

"Eu apenas desembarquei e lá estava ela no aeroporto, esperando por mim, e ela me leva para almoçar em um restaurante no píer. Ela acena a meia distância quando um cara bonito se aproxima de nós. Mas ele não para quando a vê: continua andando, bem para a beira, depois mergulha na água. E enquanto todos os clientes do restaurante ficam boquiabertos, ele sai da água, sacode-se como um cachorro e se senta conosco.

"O marido era muito mais jovem do que ela. Tinha uns vinte anos, talvez vinte e pouco, é difícil avaliar a idade dos outros quando se tem dezesseis anos. Todo mundo é *mais velho*. Todo mundo é nefasto e quer você, tem segundas intenções, e todo mundo brinca de Ligações Perigosas. Sabia?"

Trisk. O dr. R continua: triscando no bloco.

– Então o marido dela era completamente rabugento e grosseiro. Mal deu por minha presença quando ela nos apresentou e levei um almoço inteiro para entender que eles eram casados. Eles discutiram durante toda a sobremesa e não paravam. Meu coração martelava e pensei: Tenho dezesseis anos, onde estou, o que eu fiz?

"Fomos ao apartamento deles e percebi que eles precisavam passar por meu sofá-cama para entrar e sair do quarto. Ela e eu passamos nossos dias na praia... Ela me fotografava de biquíni. Eu fingia ser Bettie Page e ela era Bunny Yeager, a fotógrafa que fez de Bettie uma estrela. Ela tirou todas aquelas fotos de mim e eu adorei posar para ela. Eu tinha peitos e uma bunda que pareciam excitantes numa terra estranha. Na Inglaterra, os peitos e a bunda pareciam de mau agouro.

"À noite eu ouvia os dois discutirem, brigando aos gritos, e me escondia sob as cobertas, como uma criança de seus pais.

"Uma noite ele foi para a minha cama, disse que precisava conversar. Que eles não podiam continuar brigando e ele não sabia o que fazer. Eu fiquei lisonjeada. Disse a ele que sabia que ela o amava e que eles iam resolver tudo.

"O que eu entendia do assunto? Nunca tive namorado. Minha bela platinada começou a ficar ocupada demais durante as tardes para sair comigo... havia pegado um turno novo no bar. Então ela deu a ele a tarefa de me manter entretida. Fomos ver *Corrida sem fim* em um cinema de revival. O filme era confuso, grande parte dele silencioso, borbulhando de curiosidade sexual, como eu.

"Ele me levou em um passeio de moto pela Golden Gate. Eu tremia tanto que a moto começou a virar e ele dizia: 'Pelo amor de Deus, Emma! Você está tremendo como a porra de uma folha! Está fazendo a moto virar. Vamos acabar tendo um acidente!'

"Quase tivemos, várias vezes. Quando desci da moto, eu tinha perdido toda a cor, toda a sensibilidade. Era o início da noite e ele disse que eu precisava de uma bebida.

"Então fomos ver a banda dela tocar. Tinha uma garota ótima tocando baixo. Depois fomos a um bar. Não. Fomos a um bar, depois fomos ver a banda dela tocar. Ele me dava doses de Jägermeister. Eu não conseguia ficar de pé. A banda acabou de tocar e ela queria sair para comemorar. Eu estava estragando tudo.

"Então ele disse a ela que ia me levar para casa. Eles se beijaram por um bom tempo antes de sairmos.

"Estávamos em uma viela quando ele disse que tinha visto as fotos que ela tirara de mim de biquíni, na praia.

"E aí ele me beijou.

"E eu beijei o cara também."

Esperei que o dr. R escrevesse. Ele não escreveu.

– Depois parei de beijá-lo. Mas ele continuou. Ele foi me empurrando até estarmos encostados numa igreja e eu pude ver um vitral. Nenhuma luz refletia no vidro, porque era noite. Ele puxou minha calça para baixo. Como foi por trás, e como eu nunca tinha transado, eu nem sabia se era sexo normal ou se aquilo significava sexo anal.

O dr. R ainda não escrevia nada.

– Não doeu muito. Eu não estava ali. Ele disse que não conseguiu evitar. Disse que era por causa do meu corpo.

Olho meus pés. Estou com tênis vermelhos que não me lembro de ter comprado.

– Se não doeu muito e eu não estava ali, o que foi aquilo? Por que fiquei perturbada? Por que aquilo fez com que eu me sentisse marcada?

Ele não diz nada.

– Depois disso, na rua, encontramos a baixista dela. Ela sente algo estranho e pergunta se quero ir à casa dela, e ele me deixa ir com ela. Então vou ao apartamento dela, com todos aqueles músicos hippies por ali, e ela me deita no sofá e eu digo a ela, eu não estava chorando nem nada, simplesmente disse, sem rodeios: "Acho que acabamos de transar."

"Não foi a coisa em si que me perturbou tanto, mas o nome que dão a ela. Desmaiei no sofá e quando acordei, ela disse: 'Liguei para o...'"

Não gosto dessa parte. Não gosto nada dessa parte, por muitos motivos. Começo a chorar.

– Ela disse: "Liguei para o disque-estupro." Eu não pedi a ela para fazer isso.

O dr. R finalmente ergue a cabeça.

– Você estava inconsciente, como poderia pedir?

Dou de ombros.

– Quando ele baixou sua calça, você pediu a ele para parar?

– Sim.

– Por quê?

– Porque eu não queria fazer sexo.

– Ele não parou.

– Não. Eu estava a fim dele, acho eu. Mas não daquele jeito. Nunca tinha feito sexo com um cara. Mas principalmente fiquei arrasada porque eu a perdi, perdi minha loura platinada. Escrevi umas cartas de amor e ela nunca respondeu. O que soube pela baixista foi que ele disse à esposa que eu dei em cima dele e que ele cometeu um erro.

Eu me lembro, no avião, que eu estava dolorida demais para me sentar.

Lembro também, antes de perder a consciência no sofá da baixista, que uma das colegas de apartamento dela tocava Leonard Cohen, misturando letras diferentes de Cohen admirando a nudez feminina. Meu pai e eu o vimos tocar um ano antes no Royal Albert Hall. E agora que Leonard Cohen estava ali na sequência dos acontecimentos, eu não podia contar a meu pai sobre isso. E as pessoas sabendo das coisas sem saber. Vou adorar Leonard pelo resto de minha vida. Minhas pálpebras pesadas do Jägermeister, um desconforto ardido na vagina, a última voz que se ouve...

– Enfim – digo ao dr. R –, não gosto de transar de pé.

Agora estou pronta para mudar de assunto.

– Engraçado como a gente associa certas posições a certos amantes quando fica mais velha. Tem "Aquele que sempre me quer sentada na cara dele". "Aquele que sempre me quer por cima, a cara virada para o outro lado, para ele poder ver minha bunda." Bianca disse que esta se chama "Cowgirl Invertida".

O dr. R ruboriza. Não gosto de fazê-lo corar, então tento fazer piada, inventando posições sexuais para que ele ria:

– Telefone Extravagante. Gatinha Reumática.

Ele me interrompe.

– Não importa como você chame, foi uma transgressão. Se você estivesse transando há dez anos, seria sexo selvagem, mas foi a primeira vez.

– É.

"A verdade é: perdi minha virgindade. De uma forma desagradável. Mas eu perdi minha bela platinada também e isso foi o pior. Ela me levara a seu farmacêutico preferido e comprei o hidratante que ela usava porque tinha o cheiro dela. Levei para Londres comigo. Fiz uma promessa a mim mesma: usarei todo dia e, quando acabar o frasco, nesse momento darei um fim ao que aconteceu em San Francisco. Mas não conseguia me decidir a usar. Ainda está debaixo de minha pia, em meu banheiro de criança, na casa de meus pais. Nem imagino se ainda cheira bem, tenho medo demais para abrir. Mas às vezes, quando vou lá, olho para ele e vejo que o hidratante se separou do óleo. Alguma coisa veio para cima."

– Você pode interpretar isso como uma alegoria feliz.

– Não. Porque olho e percebo que algo nele está morto, que deve ser feito de gordura de baleia.

– É de San Francisco. O hidratante deve ser vegan.

– Tudo bem – digo. – Tá legal, você venceu. Otimista.

O tempo acabou.

Capítulo 11

O DR. R E EU CONTINUAMOS EXPLORANDO A ÚLTIMA SESSÃO. Conto-lhe de meu primeiro amor, um homem de quem obviamente eu não era o primeiro amor, muito menos o amor. Foi alguns meses depois de San Francisco. Ele era de uma banda de rock. Eu era uma jornalista adolescente que escrevia sobre música. Ele me mandava postais da turnê, às vezes, não com frequência. Mandou-me alguns livros. O *Memórias de um revolucionário*, de Victor Serge, chegou, dedicado com uma indiferença esmerada.

Quando me entreguei a ele, ele suspirou e disse: "Somos parecidos, Em. Sempre seremos as pessoas menos atraentes do pedaço." Uma espécie de desdém pós-coito. Depois de transarmos, ele me falou dos motivos de eu não ser bonita e de como ele era especial por me querer. Foi quando comecei a me cortar.

– Eu costumava me cortar quando sabia que ia me encontrar com ele, assim não precisaria tirar a roupa. Então não perderia meu coração para ele. Mas é claro que eu já havia perdido.

O dr. R fica muito, muito triste.

– E deu certo?

– Não. Eu o queria tanto, que ia para casa com ele de qualquer maneira. E ele não viu os cortes. Nem percebeu. Se percebeu, não disse nada. Só me fodia e pronto. – Começo a chorar, admirada de que um homem que eu pensava ter desaparecido dez anos antes, como Brigadoon, ainda pudesse provocar esse efeito. Eu não gosto de dizer "foder" na frente do dr. R, odeio. Sinto como se estivesse maculando esta sala.

Mas, sinceramente, o que estou maculando? Não sei que histórias vieram antes ou o que virá com o paciente depois de mim.

De repente quero cobrir a boca, com medo de respirar germes psicológicos, e sair dali, deixando meu eu adolescente e apaixonado em Londres, de joelhos, diante de um homem que não a suporta.

Capítulo 12

10 DE MAIO DE 2008

Conheci o dr. R em uma época particularmente difícil de minha vida. Foi por acaso que me recomendaram a ele em meu aniversário, nove anos atrás. Quando liguei para marcar hora, ele disse que tinha um cancelamento. Disse, que tal 19 de janeiro? Eu disse que não era bom, era meu aniversário de quarenta e nove anos; quem vai ao médico no dia do aniversário?, e ele respondeu: "Por que não? É um dia bom como qualquer outro." Ele era sensato assim.

Pensando bem agora, acho que minha primeira consulta com o dr. R foi o melhor presente de aniversário que já me deram.

Eu não sabia que o dr. R estava doente. Eu o vi vários meses atrás. Ele estava com seu ânimo de sempre, atencioso, concentrado, perspicaz. Ele nunca perdeu o passo. Percebo agora como ele foi corajoso naquele dia. Lembrarei dele – para sempre – como o meu herói.

M (NOVA YORK, NY)

– Sei que você está melhorando pelo modo como lidou com o 11 de Setembro. Outros pacientes não lidaram tão bem.
Dou de ombros.
– Doentes mentais não gostam de apocalipse.
Ele me fuzila com o olhar.

– Muitos pacientes meus pararam aqui por causa dele, não você. À medida que o dia prosseguia, mesmo meus amigos mais durões ficaram histéricos. Diziam que ainda havia aviões no céu. Diziam que estávamos prestes a ser bombardeados. Todos nos reunimos na casa de SB e convenci o grupo de que tínhamos de ir ao hospital e doar sangue. E fomos. Mas não havia ninguém para quem doar sangue porque ninguém sobreviveu.

– Percebo – digo ao dr. R – que sou muito, mas muito ruim para lidar com a dor diária e sem sentido da vida. E que sou melhor para lidar com catástrofes.

Morando tão perto do St. Vincent's Hospital, acompanho a arte outsider que brota nas paredes do prédio na forma de cartazes de "Desaparecido". Você vê as famílias que podem pagar para laminá-los, com cinco números de telefone diferentes para contato. E os que são quase ilegíveis e parecem ter sido escritos a mão numa lanchonete. Quando a chuva lava os cartazes mal impressos em espanhol, sento-me na calçada e choro. Sento-me com eles todo dia porque não há nada que eu possa fazer além de dizer "Lamento muito" e "Está vendo, você era amado. Muito." Na vida, houve vezes, talvez muitas, em que aquelas pessoas nos cartazes se sentiram incompreendidas e sozinhas. E agora a dor da solidão é de outro, para sempre.

Foi mais ou menos nessa época que comecei a ver um escritor que era quase tão famoso por sua vida particular tumultuada quanto por sua obra premiada. Olho para o dr. R enquanto lhe conto a novidade. Outras pessoas ficariam impressionadas. Elas não conseguem evitar. O dr. R já havia comentado sobre ele antes, como fã. Estou ansiosa para vê-lo disfarçar sua empolgação. Nem minha mãe conseguiu esconder o quanto ficou animada por ele se interessar por mim. Quando conto ao dr. R, ele não parece nada animado. Parece deprimido.

– Estou preocupado. Estou muito preocupado com uma recaída se você continuar vendo esse homem.

E de fato o escritor me prende por um ano num nó que se estende por muitos, muitos anos. Ele é tão presente em nossas sessões que acho que devia dividir a conta.

Quando o dr. R. morre, este escritor é uma das primeiras pessoas a quem quero contar. Porque ele esteve ali por tantas de nossas sessões. Porque nós brigamos por causa dele. Chegou a um ponto em que, assim que eu falava nele, o dr. R colocava a cabeça entre as mãos. Gosto muito quando ele coloca a cabeça entre as mãos porque significa que ele me notou, ele realmente me notou. Esta é a essência de minha queda na automutilação: você é apanhado entre um segredo terrível e um segredo terrível que depois de revelado implica que as pessoas estão olhando, as pessoas estão ouvindo. Sua dor não pode mais ser ignorada ou mal interpretada.

O dr. R respira fundo e se senta ereto.

– Não quero que volte a vê-lo.

– Mas eu *não consigo* parar de pensar nele.

– Escreva sobre isso.

– Como?

– Escreva um roteiro.

Por duas semanas, sou aquela pessoa na lanchonete com um laptop. E depois de duas semanas, eu tenho um roteiro. E porque um escritor me jogou de um carro em alta velocidade e partiu meu coração, o dr. R me diz para escrever um roteiro, eu o faço e isso me garante um contrato com a William Morris e depois tenho uma nova carreira acidental que só começa realmente a florescer depois que o dr. R está doente demais para saber.

Ele sabia que eu tinha assinado com a William Morris e me mudado para Los Angeles. Foi o máximo que soube.

Seu filho não deve morrer antes de você. Seu psiquiatra não deve morrer antes de você. Quando tentei me matar, minha mãe foi ao centro cidade para ver seu antigo psiquiatra, o antigo terapeuta de quando ela era da minha idade. Algumas pessoas olham o futuro e imaginam-se no casamento da filha. Eu sempre tive esse sonho romântico de que quando minha filha tivesse um colapso, eu iria ao centro ver o dr. R.

Inventário – Lugares onde se cortar:

Coxa
Linha do biquíni
Pescoço
Tornozelos
Antebraços
Braços
Nova York
Los Angeles
Londres
Wellington
(Quarto especial num hotel da Sunset Strip)
O Chateau Marmont
O Standard
O *Mondrian*

Há um longo intervalo nos cortes depois de me hospedar no Mondrian. Estou ali, cortesia da Sony Music, entrevistando a cantora soul muito talentosa e muito perturbada Macy Gray, para o *Telegraph*. Ao conversar com ela por vários dias, tenho a forte sensação, enquanto ela fala com as paredes, enquanto ela murmura para as mãos, que ela nunca voltará à Terra. Isso me impressiona. É a primeira vez que tenho consciência de ser a mentalmente sã na conversa.

Capítulo 13

Inventário – Homens por quem me masturbei:

Martin Sheen na cena de abertura de Apocalypse Now, onde ele está bêbado e se corta com caco de vidro.

Cat Stevens, na capa interna de Teaser and the Firecat.

Bob Dylan, de colete e maquiagem de palhaço, em vídeo de 1975 da turnê Rolling Thunder Revue.

Assim é uma viciada. Viciada que virou fundamentalista. Mentalista.

E também: Topol, em Um violinista no telhado, quando ele empina o peito e berra "YA DA DA DA DA DA DA!". Mas não sei o que ele é, só que é muito estranho.

Resumindo: você é um alcoólatra/extremista/narcisista e/ou um morador de shtetl com voz sensual?

Eu te amo.

O leitor leigo, certamente, como o dr. R. antes dele, diria que os homens, e a busca por eles, estão fortemente entrelaçados com minha saúde mental. Eu alegaria, em minha defesa, que o problema de ser uma monógama serial é que não existe ninguém por acaso ou insignificante: todo mundo com quem você dorme realmente significa alguma coisa, merece ser mencionado em seu registro público. A certa altura acordo pensando: "Que se foda! Não quero outro homem nunca mais na minha cama. O que eu quero mesmo é um gato." Depois de um mês acordando com esse pensamento todo dia, convenço o dr. R a me deixar adotar um gato de abrigo. Isto é uma grande coisa. Tenho permissão de procurar algo além de mim mesma. Embora possa parecer estranho, é o maior passo que dou rumo a minha sanidade mental. Tira-me do reino dos homens, faz com que me sinta saudável, torna-me um pouquinho menos egoísta, traz mais responsabilidade. É claro que eu pego um gato macho.

O dono de Perry morreu no 11 de Setembro. Quando nos conhecemos, ele está numa gaiola, em uma pet shop, depois de ter passado por um abrigo onde ninguém o quis. Agora, com sua história revelada, todo mundo o quer. Ele também é um camarada muito bonito, creme com umas manchas damasco. Notei que muitos americanos preferem seus sobreviventes trágicos quando não estão fisicamente desfigurados pela tragédia.

Perry vem para casa comigo. Fica claro, no momento em que ele passa pela porta, que ele não é meu bicho de estimação, nem eu sou exatamente o dele, mas que somos almas gêmeas um do outro. Naquela noite ele se senta na tampa da privada e me olha atentamente enquanto tomo banho. Fico tentando detectar um tom de lascívia ou crítica em seu olhar. É com isso que estou acostumada. Mas não há nenhum.

Em todo 11 de Setembro em que ficamos em Nova York depois disso, Perry sempre perde o controle. Anda sem parar pelo apartamento em círculos loucos, como se caçasse a poeira. Uiva para a lua, quer esteja visível ou não. Ouvi histórias parecidas de pessoas que pegaram animais no 11 de Setembro e depois cães e gatos do furacão Katrina. Animais de companhia também têm seus cortes na pele.

Depois de dez meses cuidando de Perry com sucesso, tenho permissão de ter Junior. Junior é avermelhado de pelo curto e não é tão bonito como Perry, mas infinitamente mais macio (o pelo, a cabeça e o coração).

O grupo de adoção descreveu em detalhes como apresentar um gato ao outro: "Leve Junior para casa na caixa. Deixe a caixa no meio da sala e mantenha ali por algumas horas e deixe que Perry o fareje."

O problema é que neva sobre nós enquanto o estou carregando para casa e Junior chega ao apartamento uma coisinha triste e molhada e não posso soltá-lo. Eu o reviro e puxo para secá-lo com uma toalha. Perry me olha com um misto de choque e ódio.

Depois tenho de trancar Junior no banheiro por 24 horas para que eles possam se arranhar por baixo da porta. Isso quer dizer que não posso entrar ali para me cortar, e é no banheiro que eu me corto. Tenho um dia de folga e isso quebra o encanto, é como uma purgação dos pecados. Além do mais, Junior tem mania de lamber. Ele me lambe. O tempo todo. Sua língua fere um pouco, mas não tanto quanto uma lâmina de barbear. É como ser transferida a uma clínica de reabilitação.

Por fim Perry e Junior se sentam um em cada ponta do sofá, olhando para a frente, como convidados em um jantar formal que ficaram sem ter o que dizer. E assim ficam o dia todo.

A pet shop me disse que um tijolo caiu na mãe de Junior e talvez uma pequena lasca tenha caído nele, porque ele parece ausente. É interessante, porque isso o torna muito amoroso. Pouco tempo depois de eu trazê-lo, ele desaparece e é trazido de volta por outro gato, que mora no subsolo. O dono desse gato disse que ele não conseguia parar de bater no armário do depósito, onde Junior morou por vários dias. Foi mais ou menos nessa época que Elizabeth Smart foi sequestrada. Quando Junior chega em casa, papai me manda uma versão alterada de uma capa da *Time* do retorno milagroso da adolescente, com o véu que ela foi obrigada a usar. É uma capa com pop-up que papai construiu. Quando você ergue o véu, em vez da cara de Elizabeth Smart por baixo dele, está Junior.

– Estou tão feliz por ele ter voltado – digo ao dr. R. – Queria não precisar ter namorado nunca mais.

As famosas últimas palavras.

Capítulo 14

Conheço Simon em um churrasco no terraço na ilha de Manhattan. Todo mundo à nossa volta está doidão. Ando pelo terraço vendo o pôr do sol, sabendo que ele está me olhando. Ele derrama um pouco de guacamole em meus jeans brancos. Para mostrar que não ligo, pego uma palma cheia de guacamole e esfrego por toda minha perna. Mamãe dirá que eu era uma imbecil quando estava com Simon, mas são só acontecimentos como este que corroboram sua teoria em minha mente.

– Seu marido é ótimo com as crianças – diz-me uma convidada enquanto Simon, que conheci uma hora antes, leva o carrinho de bebê de alguém escada abaixo. Olho para ela e digo a única coisa que me parece certa: "Obrigada."

Depois disso, embora estejamos frequentemente separados por conta do trabalho, nunca nos deixamos. Enquanto eu estou trabalhando em meus problemas, ele enterrou seu passado, mas o enterrou vivo. Simon não é branco e não quer que eu seja também. É verão, estou bronzeada e quando nos conhecemos ele acha que sou latina. Eu não o corrijo.

– Ótimo – digo ao dr. R. – Vou continuar nessa. E daí?

Mas quando ele perceber que eu não sou, será um problema. Tenho de permanecer bronzeada ou ele achará que os amigos dele podem julgá-lo. Depois que terminamos, eu fico pálida como se fosse exangue. Mas primeiro temos uma relação de longa distância de um ano. Encontramo-nos todo mês em Los Angeles, em geral no Chateau Marmont. Queremos um ao outro como uma droga. Ele se rasga, se arranha, soca o peito, ao telefone. Sempre havia uma crise, sempre um drama, uma histeria.

Só queríamos consumir e subsumir, ter tudo, fazer com que tudo desaparecesse. Era terrível. Ele falava do poço de mágoas que ele achava que partilhávamos e do quanto admirava os judeus pela dor que sofreram.

Nós nos cortamos juntos, em várias ocasiões. Às vezes ele vai longe demais, às vezes vou eu. Lembro-me de ele ligar para o dr. R do outro lado do mundo. Eu estou na traseira de um carro e o dr. R está ao telefone, eu não entendo bem como. É o dia seguinte lá. Ou a véspera. "Me ajuda?", pergunto, patética. Queria ser sugada pelo telefone e cuspida na rua 94 leste.

– Você está bem – diz ele, parecendo estar convencendo a si mesmo.

Voltando a Nova York, temos uma sessão desastrosa onde eu apresento os dois.

Expliquei que no dia anterior Simon se recusou a sair para uma reunião a não ser que eu prometesse não nadar enquanto ele estivesse fora. Ele não queria que outros homens vissem meu corpo "perfeito". Isso me deixou nervosa, eu disse a ele, porque eu nem sempre teria esse corpo, então era um erro ele concentrar sua obsessão nele.

Simon olhou o teto, fungou e estalou os nós dos dedos.

– Acho que você me entendeu mal. Você tem arranhões na bunda e seus peitos estão arriados. O que eu quis dizer era que seu corpo é perfeito *para mim*.

Olho atentamente o carpete.

O dr. R. pergunta: "Você está bem?", mas não consigo responder.

Peço licença para ir ao banheiro. Eu perco. Eu encontro. Volto ao consultório e bato na porta. O dr. R coloca a cabeça pela porta. Não consigo olhar nos olhos dele.

– Simon tem de ir embora – digo.

Simon vai. Não consigo olhar em seu rosto quando ele passa por mim, mas até seus pés parecem pedir desculpas.

Volto a me sentar na cadeira giratória. Não posso levantar a cabeça.
– Emma?
Fico em silêncio.
– Emma?
Se eu olhar o carpete, não tenho de me meter nesta situação com este homem e eu não o amo e não estou segura. Finalmente o olho nos olhos. Vejo que ele preferia não ter ouvido o desabafo de Simon. Eu o constrangi. Simon rompeu algum tipo de quarta parede nesta sala. O dr. R respira fundo. Embora não faça ruído, ouço sua caneta sem vê-lo. Por fim, ele fala.
– Isso não está bom.
Ele nunca disse isso antes. Ele olha a porta. Perguntei mil vezes se era realmente à prova de som. Mas ele está olhando como se Simon pudesse ouvir. Simon sabe quando estou mentindo. "Conheço o ritmo de uma mentira", diz ele, e ele conhece mesmo.
– Este homem tem muita raiva dentro dele.
– Hummm.
Entre soluços, digo a coisa mais redundante do mundo.
– Ele me perturba muito.
– Por isso ele falou aquilo. Ele se sentiu encurralado e a atacou.
Ouço o dr. R. Não falo com ele, porque não consigo falar, então preciso ouvir.
Deixo a 94 leste. Volto ao meu apartamento. Termino com Simon. Acabou. Estou livre.
Dez dias depois de terminarmos, descubro que estou grávida.

Capítulo 15

SEMPRE VEJO MONICA LEWINSKY quando estou chorando nos cafés de West Village, bebendo ginger ale para conter minha náusea de gravidez. Ela aparece na minha frente como o gênio saindo da garrafa. Não é alucinação. Ela nunca me conforta, em vez disso acaba pedindo dicas de dieta depois de entabularmos uma conversa. Ela me dá muita aflição. Eu mostraria minha calcinha ao presidente. Obviamente mostraria. O que ela é, o que representa, é a sexualidade feminina jovem, o medo disso, e depois isso genuinamente causa a queda do mundo ocidental. Sinto uma nota de antissemitismo nos editoriais "Eca, por que ela?". Ela é como Glinda, a Bruxa Triste.

Existem vítimas não só de assassinos, como Chandra Levy, mas do sexo e do desejo, do amor. Pobre Monica.

Lembro do que eu estava vestindo quando conheci Simon e lembro do que eu vestia quando abortei o que poderia ter sido nosso filho. No primeiro caso eram jeans brancos e um top largo com colar, anéis, pulseiras e argolas dourados. Eu achava que era uma cigana que podia ler minha própria sorte, ou uma Jennifer Lopez, apenas a Emma do bairro. Eu chocalhava ao andar, mas não tão alto que não pudesse sentir os olhos dele em mim.

No último caso eu pensei muito, arrumando tudo na noite anterior como se fosse para a escola. Como se eu fosse a minha própria mãe. Ou um eco de um universo paralelo onde eu era a mãe de outra pessoa, protetora desta coisa que fazia meu estômago revirar toda manhã das oito às dez e meus peitos doerem toda tarde, das três às cinco. Naquela manhã de outono, às 9 horas, eu calcei os tênis All Star surrados, uma camiseta laranja fina, jeans, suéter Marc Jacobs com corações – amor, amor, amor infantil que, para nós, não se limitou à forma de um coração perfeito, mas transbordou em decepção, fúria e ciúme e agora estava irrevogavelmente partido como o feto materializado.

Ficou visível muito cedo. Seis semanas e já se podia saber. Eu queria que ele visse antes que fosse interrompida (a data foi gravada em pedra, meu corpo mudando). "Aposto que você está linda", disse ele do outro lado do mundo. Ele estava sempre do outro lado do mundo. "Estou." E daí? Eu sabia, desde o começo, que ele era o primeiro homem que deixei entrar em mim porque eu o amava – embora parecesse inexplicável a meus amigos e familiares, que só nos viam brigando – e não porque queria ouvir que estava bonita.

Não nos falamos depois disso. Eu chorei no dia, na sala de trocas, quando amarrei meu avental cirúrgico no espelho. (Por que um espelho, por que ali?)

– Você parece... jovem – disse Margaret, minha ginecologista, puxando ternamente meu rabo de cavalo. Ela era uma mulher deslumbrante com seus cinquenta anos e alguma coisa, sempre com uma saia justa e saltos altos, um decote estupendo, cabelos ruivos tratados com escova. Pedir a suas pacientes que a tratem pelo primeiro nome lhe confere o ar da professora legal de toda criança má. Eu sempre me sinto pouco feminina, uma vira-lata assexuada, na sua presença, e agora isso me convém porque foi o sexo que me colocou nesta enrascada. Um feriado com uma diferença de 21 horas no fuso me confundiu e eu pulei a pílula. Quando procurei Margaret, ela leu meu exame e declarou: "Você está ligeiramente grávida."

– Ligeiramente grávida? Não é como ser meio nazista?

– Você está grávida. E, como você não quer continuar com a gravidez, temos de esperar algumas semanas para operar.

E assim marquei para a segunda posse de Bush, aguardando meu primeiro aborto. Na verdade para mim não foi grande coisa no sentido físico. Não, não lamento ter feito. Simon sofreu mais, creio eu, especialmente por não poder estar presente. Assim como a pornografia faz as mulheres odiarem os homens e os homens odiarem as mulheres, o aborto suscita nos homens pavorosos sentimentos de aversão às mulheres. Talvez ele seja tão simples quanto a perda de controle dos homens sobre algo que eles tinham esperança de criar. Mas, como ele mesmo admitiu, Simon ficou completamente louco quando abortei, embora ele não quisesse o filho. "Ei", disse Margaret. "Eu vejo isso o tempo todo."

Minha amiga veio ficar comigo, uma mulher da minha idade que passava por um divórcio. Ficamos deitadas no curioso sol pósverão e rezamos para que os raios limpassem nossa tristeza, nosso fracasso. Dormi a noite toda com as mãos na barriga. Meus gatos, farejando não um bebê, mas fluxo hormonal e drama, brigavam para dormir em minha barriga. Eu falava sem parar com o aglomerado de células. E elas não responderam uma única vez.

Esbarro em um garoto de skate que conhecia vagamente da época de minha tentativa de suicídio. Ele me olha arregalado e sei que o que ele não diz é: "Ah, eu não me lembro se ela sobreviveu ou não."

– Não. Só grávida.

Se houvesse uma prova de que nossa vida tem narrativas paralelas, seria esta. Eu teria um filho de cinco anos? Estaria neste mesmo relacionamento terrível, esticado como puxa-puxa?

Sei que escreverei sobre o aborto, e escrevo. Enquanto ele está dentro de mim, quando ele se vai, a escrita freia a minha queda. Entrego um roteiro curto ao fotógrafo Nick Knight e ele o passa à atriz italiana Asia Argento e eles fazem um curta-metragem demente. Ela me deixa recados como uma versão italiana sexy de Selma e Patty dos *Simpsons*: "Oi, aqui é Á-si-á." Quando vejo o produto final, ela escolheu falar diretamente para a câmera.

Asia gosta do que escrevo porque eu pareço infeliz. Mas agora há uma desconexão em algum lugar. Sou mais feliz do que meus textos deixam transparecer, especialmente depois de marcada a cirurgia.

Depois de toda essa dor de amor pastosa e abstrata, aqui está algo real. Uma lista de procedimentos pós-cirúrgicos a seguir por recomendações médicas. Amigas que precisam estar aqui para ver se você ainda respira.

– Sua mãe virá? – pergunta o dr. R antes de eu ir para o procedimento.

– Sim.

Ele parece terrivelmente triste. Foi a primeira vez que percebi um sentimento paterno da parte dele. Fico triste por deixá-lo triste. Decido não fazer isso novamente.

Eu sabia que essas semanas de espera fariam com que eu fantasiasse em ficar com ele, em deixar que isso se desenvolvesse em um bebê. E eu sucumbi a essa fantasia. Onde eu era financeiramente estável. Onde tinha um parceiro. Onde o pai não morava do outro lado do mundo.

Shannon e Bianca estavam lá para me ajudar. Esta foi, por ter unido todo mundo que me amava, desde meus amigos a meus pais, uma das experiências mais tocantes da minha vida. Mas também posso me dar ao luxo de encontrar inspiração na dor porque sou uma garota de classe média com uma família muito unida.

Recupero-me rápido, instantaneamente. Acordei, tive cinco minutos de uma leve cólica. Não vomitei. Fui para casa, meti-me na cama, dormi vinte minutos. Quando minha mãe chegou da Inglaterra uma hora depois, eu preparava torradas para Bianca.

Para mim, meu aborto foi um fim naquele meu relacionamento com o pai que não poderia sobreviver. Ele não queria um filho, mas queria que eu quisesse um filho dele. Eu entendo isso: eu não queria um filho, mas queria que ele quisesse meu filho. E tivemos. Num universo paralelo. E não são fotos do *Daily Mail* de "Isto podia ter sido um ser humano!", mas algo mais abstrato em sua tristeza. Nosso tumulto amoroso foi uma conversa entre dois adultos. Abrir mão de envolver uma criança nisso foi meu primeiro gesto de proteção. Foi triste. Foi correto. Nosso primeiro e único ato de sermos pais amorosos foi não ter um filho. Foi a única coisa boa que fizemos um pelo outro.

Capítulo 16

U<small>M HOMEM ESTÁ SENTADO A MEU LADO</small> em um avião para o Festival Sundance de Cinema. São dez da manhã e ele matou tempo no bar enquanto limpavam nosso avião. Eu me importaria com o cheiro de álcool que ele carrega consigo até a poltrona do meio se ele não fosse meu dramaturgo preferido. Seu talento faz sombra a qualquer um de nossa idade que quer ser escritor. Parece bem apropriado que ele seja tão imensamente alto. Após nossa viagem de avião, o Sombra me mandou uma cópia de sua nova peça e escreveu: "Se você não achar essa peça genial, deve ser doente mental."

Fazemos uma escala em Chicago, mas não ficamos juntos. Isso principalmente porque desço até o bar do hotel vestindo pijama de pezinho para procurar por ele e descubro o saguão transformado em boate.

– Senhorita – vocifera um segurança –, este *não* é um traje apropriado. – As mulheres estão literalmente de biquíni de peles. Quando recordo nosso quase erro, o Sombra fica carrancudo:

– Eu jamais iria dormir com você naquela noite.
– Oh – digo. – Eu ia.
– Oh – diz ele. – Vagabunda.

Na volta a Nova York, descubro que Simon está na cidade e me segue, sendo este o meu mês de segui-lo. Eu o ignoro.

O Sombra e eu vamos jantar. O que eu não sabia é que enquanto estive fora, Simon invadiu meu computador e leu meus antigos e-mails. Um, do Sombra, diz: "Você acha que algum dia vamos dormir juntos?" Eu agora o conheço bem e posso ouvir o seu tom.

O tom é semelhante a "Você acha que o novo filme de David Lynch será bom?"

O Sombra e eu vamos ver *Spamalot*.

As luzes se apagam. E enquanto se apagam, vemos que... Simon está sentado a nossa frente.

Eu entendo que, por minha causa, o maior dramaturgo de nossa geração possa estar prestes a levar um murro na cara. Durante o número de abertura do musical do Monty Python. É uma situação incomum. E eu entendo que é a minha vida. O Sombra se ergue em toda sua altura. Simon percebe que não ganharia essa briga. Corta para várias horas depois, o Sombra tinha se retirado inteligentemente do problema e Simon e eu estamos em meu banheiro. Ele tranca a porta.

– Vamos fazer?

– O quê?

– Nos matar?

Olho para Simon. Pela primeira vez vejo que ele é muito mais alto do que eu. É estranho como uma pessoa que gosta de se ferir possa ter medo de que alguém a machuque. Não sei o que fazer e lembro-me do sonho sobre mastigar o próprio pé para impedir que um rato o mastigasse. Ergo a lâmina mais próxima e corto a barriga, fundo. O sangue o surpreende. Surpreende a mim. Ele destranca a porta. Deitamos na cama. Eu o seguro junto a mim porque tenho medo dele. Com que frequência mantemos as pessoas próximas para que elas não possam ficar numa distância de risco? Não o quero mais e vou segurá-lo até que possa me livrar dele e depois nunca mais o abraçarei.

Capítulo 17

No dia seguinte, o dr. R examina os cortes em minha barriga. Como um médico de verdade, o que ele obviamente é, embora seja estranho para mim.
– Limpou direito?
– Limpei.
– E usou Neosporin?
– Bacitracin. Eu estraguei tudo. – Surpreendo a mim mesma ao acrescentar: – Queria não ter feito isso.
– Você teve um lembrete.

Ele nunca dirá: "Você teve uma recaída." Ele sempre chama de "lembrete".

Ele acrescenta:
– Acabou por um motivo. Você está procurando por si mesma.
– Estou?
– Claro. Acho que seria uma ótima ideia se você fosse às reuniões do SLA.

Eu o encaro.
– Quer que eu entre para o Exército Simbionês de Libertação?

Ele bufa de rir.
– Dependentes de Amor e Sexo. Anônimos.
– Como é? Não sou viciada em sexo!
– Você tem padrões de vício em amor.
– Certo, mas são padrões legais. Como as estampas Liberty ou coisa assim.
– Fale sério por um momento.

– Sim, eu tenho padrões de vício em amor. Eu sou uma mulher. É claro que tenho.
Ele escreve. Eu o cutuco.
– Faça como quiser. Só estou dizendo que valeria a pena dar uma olhada.
Eu pego o número de telefone que ele estende para mim.
– Por que eu não consegui que desse certo com Simon?
Ele meneia a cabeça.
– Não pode dar amor incondicional a alguém que odeia a si mesmo.
No metrô depois do dr. R, ouço "Helplessly Hoping", de Crosby, Stills and Nash. O vagão está vazio e eu canto um pouco – faço todas as partes, sai uma porcaria – até que seis ou sete meninas entram no trem 6. Elas vestem o uniforme de um time de basquete feminino. São latinas. Não têm maquiagem. Os corpos são fortes. Falam por meia hora e não mencionam meninos. Dão gritinhos sem parar, maravilhando-se com o desempenho umas das outras. Uma começa a falar de olhos claros e de como seria tê-los, e eu tiro os óculos, animada.
– Os meus são amarelos. Não estou mentindo. Mas precisa vê-los ao sol. – Elas se reúnem em volta para examinar.
– *Não é mentira dela.*
– Como é isso?
Olho para ela. Penso e, baixando os olhos, vejo que estou muito bronzeada e o sol fez com que as cicatrizes que correm a partir de meu pulso se elevem e fiquem brancas. Meu braço daria um excelente jogo de amarelinha para um camundongo. A menina está esperando uma resposta. Escondo o braço.
– É bom.
Não há uma Ofélia no grupo. Talvez isto seja uma propaganda imensa da importância de as meninas praticarem esportes de equipe. Elas estão de pé e saem do vagão, a líder gritando atrás delas: "Cuide bem de seus lindos olhos."

Prometo à menina que cuidarei – é fácil cumprir promessas a estranhos – e só a meio caminho do quarteirão para minha casa é que me ocorre: eu falei sério.

Depois que Simon foi embora, começo a ficar inteira. Estou tão bem quanto sempre, na verdade melhor. Minhas decisões são racionais. Não impulsivas. Minha casa está mais arrumada. Eu caminho o tempo todo. Esforço-me para comer direito e minha bunda cai. Levanto pesos com uma russa louca de pedra, o que não só me mantém em boa forma, como também significa que, no contexto, toda terça e quinta às onze eu sou irrefutavelmente sã. Parece algo privilegiado, mas pode-se fazer isso de graça também, correndo junto ao rio, sem comprar o bolo de chocolate. Não é dieta de emagrecimento, é uma dieta mental. Peixe. Nojo. Coma. Legumes. Nojo. Beba. Amigos e estranhos ficam apavorados com meus preparados verdes que eu chupo por canudos de papel. Vou para a luz, vou literalmente para a luz, mudando-me para um apartamento onde, pelo mesmíssimo preço, o sol se derrama.

Escrevendo da República Tcheca, meus pais parecem estar na mesma sintonia mental feliz.

Assunto: Relatório de Praga
Data: Domingo, 27 de agosto de 2006 – 4:55

Foi tão divertido quando o Golem nos perseguiu pela Ponte Carlos ao luar. Por sorte nós dois nos metamorfoseamos em insetos gigantes, o que nos salvou.

Com amor dos
Seres Insuportavelmente Iluminados

Capítulo 18

Pela primeira vez, o dr. R não tem toda a sua atenção em mim. Fica olhando o telefone, como se este estivesse prestes a fazer alguma coisa. Pede licença para dar um telefonema em outra sala.
– Desculpe.
– O que está havendo? É porque estou melhorando e agora não me acha mais interessante?
– Tenho um paciente que quase morreu de overdose neste fim de semana. No Chateau Marmont.
– Nossa. Como John Belushi.
– Algo parecido.
– Era famoso?
– Emma.
– Era famoso. Os jornais sabem?
– Ainda não.

Parece que guardo este paciente no recesso da minha mente, embora não me lembre de arquivá-lo para referência futura até ele estar sentado na minha frente em um jantar dois anos depois.

Aeroportos me dão vontade de procurar ex-namorados. Eu estava em um aeroporto de Atlanta, na Georgia, e escrevi um e-mail ao famoso escritor que me enrolou por anos. Dizendo a mim mesma que um bilhete amistoso não faz mal. Mas eis o que acontece:

Oi

Fui à capela ecumênica. Fiquei andando de um lado a outro do terminal, dizendo "vou entrar". Quando finalmente entrei na capela ecumênica, adivinha o que encontrei? Uns muçulmanos, mandando SMS. Depois, na Sala do Silêncio, que diz "Silêncio", um homem estava ao telefone dizendo "não tive a chance de te contar..." e a voz dele chama a atenção e eu penso: "Esta é a porra da Área do Silêncio." E eu digo: "Com licença, senhor, esta é a Área do Silêncio" e fiz um pequeno gesto de oração, como o Mahatma Gandhi...

Fico olhando a mensagem e penso: Isto é um bilhete amistoso a alguém que quero que se sinta à vontade como meu amigo, ou é uma carta de amor a um amante? Entro na pasta de "cartas esperando para ser enviadas". A pasta é imensa. Em geral não paro para considerar as coisas antes de agir. Olho a mensagem novamente e vejo que o que eu também quis dizer foi: "Esta é a área racional, esta é a área do comportamento racional."

– Eu acho – digo ao dr. R – que estou muito melhor. – Mostro a ele um e-mail de ódio que recebi falando de um de meus livros.

– Sabe o que é engraçado nos e-mails de ódio? Sempre dizem: "Emma Forrest, li cada coisa que você escreveu na vida e nem uma vez encontrei propriedades redentoras." Peraí, olha só isso: "Li *Thin Skin* três vezes e é uma boa duma merda."

– Devia ter lido uma quarta vez – diz o dr. R, rindo. – É quando ele fica bom.

– Então isso significa que minhas experiências são uma boa duma merda, que minha escrita é uma boa duma merda, ou que eu sou uma boa duma merda?

– Emma, merda é um monte de fezes. *Thin Skin* é um livro pesado. Era uma época difícil.

– Tudo bem, mas você deve conhecer a citação de J. G. Ballard, "quero esfregar a face humana em seu próprio vômito e obrigá-la a se olhar no espelho". Sou atraída a isso por causa de minha atração pela bulimia, não é?

– Você é atraída a isso por causa de sua atração pela humanidade.

– Você acha mesmo que eu sou legal.
– E você é.
– Mas eu faço coisas que não são legais.
– Não, você faz coisas autodestrutivas e às vezes se esquece da diferença entre as coisas que são destrutivas para você e as coisas que são destrutivas para os outros. Livre-se da última, que contraria sua natureza mesmo, e vamos lidar com a autodestruição enquanto e quando ela surgir.
– Tudo bem.
– Mas não é assim.
– Por quê?
– Você ficou mais velha.
– É isso?
– A outra parte também.
– Eu fiquei mais s...
– Pode-se dizer que sim.
– Não, porque então eu tenho de assumir a responsabilidade por isso! Depois tenho de continuar fazendo, sabia?
Ele não vira a cara.
– Diga a palavra que ia dizer.
– Eu fiquei mais sensata?
Ele pisca.
– Sem dúvida.
– Porque fiquei mais velha?
– Porque você fez o trabalho.
Franzo o cenho.
– É muito bom não ser infeliz.
– Tem gente que não tem alternativa. Você se apaixonou pela loucura. Isso requer autoconsciência. E requer coragem.
Eu sorrio para ele.
– Se eu sou Dorothy, você é o Mago ou o Espantalho? É o cavalo de uma cor diferente?
– Sou o judeu com um bloco e uma caneta. Não se preocupe comigo. É você. O tempo...
– Acabou.

Capítulo 19

Assino como roteirista com a William Morris e me mudo para Los Angeles, e tenho um namorado "normal", Christopher, que é professor-e surfista. Arrumamos uma casa. É linda. Foi o bangalô de Heath Ledger por um tempo antes de a pegarmos. Havia uma carta de amor para Heath enfiada na parede quando nos mudamos. Não sei o que fazer com ela. Escondo em uma caixa de coisas especiais. Um dia Christopher, por acaso, pega Heath no mar e o traz para casa. Penso na carta e como eu podia entregar a ele.

As pessoas sempre perguntam: "Como é ficar com Christopher, sendo ele tão bom?"

É da natureza dele. Christopher, como a maioria dos outros com quem fiquei, recentemente parou de beber. Mas sob sua sobriedade está sua natureza, como sob a doença mental está a natureza de uma pessoa. Alguns usam programas de doze passos como capa para o narcisismo. Outros querem mesmo mudar. Aprendo isso ficando com ele.

A mãe dele é uma mulher adorável e nos ajuda a deixar a casa bonita. É um chalé rural. Não há tristeza aqui. Só colibris. Perry fica fora de si de alegria. Ele é um gato novo. Junior fica apavorado de descer a escada, e sempre que precisa usar a caixa de areia tenho de carregá-lo para baixo.

Uma noite acordo ouvindo um farfalhar. Perry está do meu lado. Espio sobre o corrimão e vejo Junior em sua caixa. A partir daí, nunca discutimos nada, mas ele pode fazer isso. É como melhorar. Ele se move como uma velhinha, mas consegue e é assim que eu me sinto. Você faz como pode, desde que consiga fazer, tudo bem.

Ele desce de costas como quem tenta descer de uma árvore. Eu já fiz a mesma coisa.

Perry vem a mim um dia enquanto estou preparando um chá. Tem um lagarto na boca.

– Agora estou incrivelmente interessado em matar – diz-me ele.

– Pensei que você matasse camundongos.

– É, mas isso passou. Agora só mato lagartos.

Faço uma coisa terrível com Christopher enquanto estamos juntos. Christopher fala tão animado da ex-namorada que começo a ficar obcecada por ela, até que a localizo e mando uma mensagem no MySpace, mas não falo com ela da ligação. Ficamos amigas e continuamos nos escrevendo até que eu me esqueço de como eu "soube" dela.

Volto a Nova York para ver o dr. R e conto a ele o que fiz.

– Vamos ligar para Christopher agora mesmo e você vai confessar.

– Agora, *já*?

– Sim.

– Não!

– Sim. Contará a ele enquanto estiver aqui comigo.

Ouço Christopher respirar fundo do outro lado do país.

– Bom... isso é muito esquisito. – Ele faz uma pausa. Depois acrescenta: – Mas eu sabia que você era esquisita quando me apaixonei por você. A única parte que importa é que eu quero que você conte a verdade a ela. Não é justo com ela. – Christopher é esse tipo de homem.

O dr. R está tossindo um pouco e, depois que terminamos com Christopher, ele tem uma crise séria. Quando se recupera, conto-lhe um segredo que guardo há meses.

– Dr. R, acho que transferi para você o meu medo de infância de meus pais morrerem. Ultimamente, comecei a me preocupar que um dia você vai morrer. O que isso quer dizer?

Ele me olha, baixa a cabeça para o bloco.

– Não quer dizer nada. – Depois me diz que o tempo acabou.

Capítulo 20

Na Califórnia, após escrever a carta de explicação à ex de Christopher, eu clico em Enviar.

Recosto-me naquela noite e digo a mim mesma: "Foi coisa de maluco. Coisa de personalidade limítrofe e você não quer ser assim." Os limítrofes são o que se conhece comumente como maus. Eles gostam de criar problemas.

A ex diz que está chocada e perturbada com minha confissão e que precisa pensar. Nunca mais soube dela. Sou eliminada de sua lista de amigos. Porém isso me faz pensar: eu não perco amigos com a mesma frequência de antigamente.

Mamãe telefona de manhã para me contar do único gato de que ela não gostou.

– Estava numa casa que alugamos em Edimburgo, e estava no jardim e era igualzinho a uma cobra.

– Como um gato pode ser parecido com uma cobra?

– Bom, era comprido, e o corpo tinha o mesmo tamanho do rabo, e não tinha pelos.

No dia seguinte, ocorre-me uma ideia e telefono para minha mãe.

– Será possível que o gato que você viu em Edimburgo fosse de fato uma cobra?

Ela reflete.

– Sim. Acho que podia ser.

Ainda há pequenas crises diárias em minha vida feliz com Christopher. Por exemplo, uma simples viagem para ir à Laurel Canyon Country Store beber o café especial de Lilly e Spike. Quando eu chego lá, vejo, preso no quadro de avisos comunitário, um cartão oferecendo uma criança de oito anos, seminua e em várias poses, para teste de atores ao lado de um cartaz de um animal de estimação perdido. O cartaz do bicho perdido diz: "Nossa amada tartaruga, Hokey Pokey, fugiu no domingo. Estava conosco há 16 anos. Ela mede cerca de trinta centímetros." Este é o pior momento da minha vida. O homem na deli diante de mim tem um penteado terrível, uma mecha de cabelo atravessando a careca para cobri-la. Este é o pior momento da minha vida. O sanduíche que compro tem alface murcha. Este é o pior momento da minha vida. Quando chego em casa, meu gato se recusa a se sentar em mim. É claro que a merda do gato se recusa a se sentar em mim, porra. Ele é um gato. Mas ainda assim... Este é o...

Ainda assim, Christopher e eu continuamos com nossa vidinha de casal, vendo filmes e encontrando comida barata em Los Angeles. Vamos três vezes por semana ao Singapore's Banana Leaf, dentro do Farmers' Market, até que eles começam a nos dar suco de manga e biscoitos crocantes de arroz de graça. Fazemos caminhadas pelo Fryman juntos. Ele corre de um lado para o outro sem camisa, todo louco, católico e autoflagelante.

Quando se desata, calmamente seguimos o algodão que se desenrola. Ele não quer criar filhos na América e eu quero. Eu fico em segundo plano em relação ao mar, é uma religião que não consigo entender e da qual me ressinto. É o rompimento mais fácil e o mais doce. Vamos acampar nos bosques de sequoias do norte da Califórnia. Não estamos ali para terminar a relação, ou talvez estejamos. Visitamos a Biblioteca Henry Miller. Comemos panquecas incríveis. Ficamos abraçados. Depois ele pergunta se eu quero ficar com ele e eu digo "não", eu pergunto a ele e ele diz que não acha que devamos ficar juntos também. Eu choro horrores porque ele é tão adorável e depois voltamos para casa de carro pela praia, de mãos dadas, ouvindo Neil Young.

Ele espera eu estar ausente para tirar os seus pertences de nossa casa, deixando-me um bilhete dizendo coisas que eu nunca pensei merecer:

Emma, serei grato para sempre por sua presença em minha vida. Sou um ser humano muito melhor graças a você. A experiência de amar você, viver com você, foi a maior jornada de minha vida até agora. Você me mostrou uma alternativa ao homem em que eu estava me transformando. Sei que ainda tenho muito a aprender, muito a realizar, e sei que meu futuro é luminoso.

Devo a você a confiança que agora tenho em mim. É uma confiança que só pode vir do conhecimento de que uma mulher de seu calibre me amou pelo que sou, pelo que viu em mim.

Você é uma grande mulher, e digo isso no sentido mais forte da expressão. Você sente profundamente, pensa profundamente e vive profundamente. Admiro muito você. Independentemente de nossos caminhos se cruzarem ou não de novo, saiba que desejo muito, muito seu sucesso e felicidade. Rezo para que um dia você faça parte da minha vida de novo. Mas se restar apenas a experiência que partilhamos, sei que minha vida foi melhor graças a isso.

Naquele dia, caminhando pelo Fryman Canyon, desço o morro e vejo um carro com a placa HEWZ VAN. Isso me deixa feliz. É vermelho-cereja. Talvez seja Hugh passeando com as crianças e sendo um pai divertido. Ou talvez seja ele sozinho tirando alegria de onde pode, neste caso seu carro. Vou para casa e faço uma sessão de terapia por telefone com o dr. R. Tento contar a ele sobre HEWZ VAN e a alegria que isso me trouxe, mas ele tosse sem parar.

– Você está tossindo muito. Pegou uma gripe?

– Eu estou bem.

Depois levo dez minutos contando a ele sobre os Abba-Zabas.

– Tem um doce chamado Abba-Zaba que comprei porque não gosto... É de pasta de amendoim com sabor de caramelo... Então imaginei que não comeria. Em vez disso fiquei completamente viciada em comer uma coisa de que não gosto.

Pergunto-me se eu sabia, inconscientemente, que aquela seria a última vez que nos falávamos e se por isso eu enchi a conversa de futilidades, para ele saber que eu estava animada e bem.

Não tenho muito a dizer. O rompimento com Christopher foi tão digno e respeitoso. Tenho vergonha de dizer que encerro minha sessão com o dr. R antes que terminem os cinquenta minutos. Digo que ele parece doente. Digo que parece que ele devia ir.

– Eu te ligo se precisar de você – digo, mas tenho a sensação de que não farei isso por algum tempo. Depois desligamos.

Na manhã seguinte, vejo Heath Ledger na Laurel Canyon Country Store, com a filha nos ombros. Sua pele é cinzenta. Ele está comprando um café da Lilly no carrinho dela. Ele se aproxima e se senta comigo por alguns minutos e eu lhe dou metade do *New York Times* que já li, e ele agradece e diz para falar com Christopher que ele quer surfar neste fim de semana. A filha se contorce para se soltar e ele vai embora com o copo de papel.

A loucura disso é: o café se revela mágico e fica tão entranhado no organismo dele que, uma semana depois, em Nova York, ele não morre e, em vez de tomar uma overdose na casa de Mary-Kate Olsen, vai ao dr. R, que o ajuda na reabilitação, e de algum modo isso significa que o dr. R não morre também, e todo mundo continua fazendo a felicidade de estranhos, e todas as crianças ainda têm seus pais.

Capítulo 21

Num jantar, depois da exibição de um filme, sou apresentada a um homem de cabelo comprido e solto que está usando uma kefiah. Ele parece o terrorista mais kitsch do mundo, mas na verdade é um astro do cinema com uma reputação formada, em grande parte, aqui no hotel Chateau Marmont. No jardim à luz de velas, sentamo-nos lado a lado e conversamos, e ele admite mais tarde que cada coisa que me diz deve ser traduzida como "não sou o que você ouviu falar de mim".

Dá certo. Porque é a verdade. Este é MC.

MC deve ser muito bonito ("É claro", diria meu pai, "ele *deve* ser mesmo muito bonito"). Mas eu não vejo isso. Vejo algo... suavemente ferido, como um veludo angustiado. Uma tristeza palpável que ele tem.

Mais tarde eu digo:

– Você não tentou me agarrar naquela noite.

– Eu a respeitava demais.

– Ai, meu Deus – respondo, ofendida. – Você não me quer por meu intelecto.

– Não seja boba! – responde ele. – Eu só quero trepar com você!

– Ele é o homem mais triste que já me fez rir incontrolavelmente.

Ele me liga de uma ilha remota onde está se preparando para um papel. Até agora foi uma bateria de torpedos, poemas quebrados em trinta pedacinhos. Quando telefona, é porque são cinco da manhã e ele está louco para ouvir "Skeletons", de Rickie Lee Jones. Toco para ele pelo telefone. Ele respira fundo.

– Acho que agora vou estragar tudo. Provavelmente é melhor desligar agora, Em, antes que você pare de gostar de mim.

Não falo com o dr. R sobre isso. Confio em meus instintos e digo a MC na próxima vez que me manda um SMS: "Não vou me envolver romanticamente com você. Acho que isso pode ferir meus sentimentos."

A resposta é imediata: "Ai, me vem uma onda de náusea só de pensar em um dia ferir seus adoráveis sentimentos."

Depois ele volta a Los Angeles e está a caminho de minha casa. Chove muito e ele quase se mata no carro, mandando SMS de seus pensamentos enquanto dirige.

"Pare de me mandar torpedos", rebato. "Venha logo pra cá!"

"Só pensei que seria mais seguro se eu continuasse a ser seu namorado textual."

Ele passa pela porta, de cabeça baixa, paraliticamente tímido. Tem vergonha porque traz o próprio jantar, uma lasanha Stouffer's congelada e diet, tentando perder uns quilos para um papel. Ele coloca no meu freezer e se esquece de comer.

Eu faço um chá. Vemos um filme antigo. Depois olhamos a chuva por um bom tempo. Em seguida Junior sobe na cama e MC se apresenta ("Olá, amor"). Depois mostro a ele fotos desconhecidas de James Cagney. E depois não sobra nada para mostrar e passa bem da meia-noite, então decidimos tentar dormir. Deitamo-nos em silêncio por um tempo. Até Junior prende a respiração.

E então, com a escuridão esverdeada comprimida nas janelas, ele coloca os dedos sujos em minha cara lavada de esperança e diz, num tom que cai em algum ponto entre o otimismo e o remorso:

– Se eu te beijar, está tudo acabado.

E ele beija. E tudo acaba.

Capítulo 22

— Estou saindo com alguém que você provavelmente vai considerar inadequado – digo a minha irmã.
– Um neonazista?
– Não.
– Não voltou com Simon, voltou!?
Começo a ficar impaciente.
– Não.
Sua voz fica sombria.
– É o Russell Brand? Não me diga que é o Russell Brand.
Como ele não é nem neonazista nem Russell Brand, a família leva MC numa boa, que está num set de filmagem novamente. Sozinhos em diferentes fusos horários, ficamos mandando a lua de um para o outro.
– Recebeu? – pergunto.
– Sim, meu bem.
Sempre que volta das filmagens, ele me traz coisas estranhas. Minhas amigas de Los Angeles, aquelas que estão aqui há tempo demais, atiram: "Nenhum diamante?" E eu explico que não usaria diamantes, nunca. "É, mas ele não precisa saber disso."
– Ele sabe disso – digo e entendo a mim mesma, enquanto a fofoca parece perguntar: "Por que ele está *com* ela?" Por que ele está comigo.
Ele diz que sou a Dorothy de seu Leão Covarde e que devemos andar pelo tapete vermelho juntos por seu filme mais recente, imaginando que é a estrada de tijolos amarelos. Estou tão gripada que fico na cama lendo *Eloise*, meu livro de infância preferido, mas

concordo em ir. Ele conseguiu fazer uma reserva de um show para mim com quatro meses de antecedência. Isto o satisfaz tanto que ele passa o resto da tarde lendo *Eloise* para mim na voz do personagem de Daniel Day-Lewis em *Sangue negro*. Ele é absolutamente brilhante. O Leão Noël Coward.

Procuro pensar em como o dr. R se sentiria por me ver andando no tapete vermelho. Estaria eu apoiando o trabalho de meu parceiro ou permitindo que câmeras indesejadas entrassem em nossa relação? O que ele diria? É estranho tentar falar pelos mortos. Minhas cicatrizes sumiram, a maioria delas. Ainda há uma flor de carne na parte superior da coxa direita e sei, pela reação indiferente das depiladoras, que elas se acostumaram com esse tipo de coisa: garotas que querem se embelezar e se enfear, e não conseguem descobrir a diferença – como o círculo hipotético onde o comunismo se encontra com o fascismo.

Uma hora de telefonema depois numa noite, MC, do outro lado do mundo, levanta um novo assunto.

– Quando eu voltar deste filme, vamos ter um humano em miniatura, que cresce.

Fico paralisada, olho meu quarto em busca de testemunhas.

– Um filho?

– É, um deles.

Depois de todo trabalho com o dr. R para ficar sã, para ficar inteira, para ser completa o suficiente para apoiar outra pessoa. Esta é a conversa. Não sei o que dizer.

– Se for menina, podemos chamá-la de Pearl?

– Pearl! Meu ego quer se opor – e sei que ele está sorrindo –, porque não pensei nisso. Mas é perfeito para ela. Será Pearl. Quando eu chegar em casa.

Convoco novamente minhas testemunhas invisíveis, o dr. R, minha mãe. E quando os dois estão presentes, peço que nos deem um momento a sós. Posso fazer isso sozinha.

– Você só quer que eu lhe dê a Pearl? Ou quer que eu fique também?

Ele tenta responder. Ouço sua respiração ficar presa na garganta. A espera é interminável.

– Quero que você fique. Em: não quero nunca que haja um tempo em que não vamos dividir o mesmo espaço.
Ele chega tarde da noite em casa. Está insuportavelmente quente e eu durmo no sofá-cama do primeiro andar. Desmaiei com o iPod Shuffle ligado. Ele entra de mansinho. Não sei quanto tempo ficou no sofá-cama comigo. Quando acordo, ele diz: "Adivinha o que estava tocando quando cheguei?"
– Não sei.
– "Darkness on the Edge of Town".*
– Presságio?
– É. É.
Ele me beija. Enquanto sua língua procura o fundo de minha garganta, há uma nota que nunca peguei antes, fosse porque não estava ali, ou porque ele escondeu, ou talvez ele só não tenha me beijado tão fundo antes. Medo. De mim, de si mesmo. De pagar o preço de querer coisas que só podem ser encontradas na escuridão das margens da cidade. Ele quer me dizer alguma coisa. Posso senti-lo, no escuro. Com a mão sobre minha boca para eu não responder, ele diz:
– Eu preferia morrer a não engravidar você.
Com a mão dele em minha boca, eu respondo de qualquer modo.

Inventário de presentes:

3 X *Pop Rocks*
1 X *boneca Barbie Queniana*
2 X *galheteiros de sal e pimenta em forma de porquinho*
1 X *globo de neve*
8 X *tiaras da Sam Goody*
2 X *embalagens de balas PEZ*
1 X *estilingue de chifre de alce*
1 X *jogo de Paddleball*

E é tudo de que preciso.

---

* Em tradução livre: "Escuridão às margens da cidade." (N. do P. O.)

Capítulo 23

CHEGA POR FEDEX UMA CAMISETA de um set de filmagem distante. Fede a MC, porém ainda mais importante, está tomada de uma carta de amor em esferográfica, sua letra irregular esgueirando-se por cada centímetro do algodão. É um convite, em versos, para me encontrar com ele em Manhattan. Ele é um poeta nato, tão talentoso como qualquer um em que eu possa pensar. Ele escreve quatro, cinco, seis vezes por dia, às vezes mal sentindo o gosto, como um comedor compulsivo.

Então eu o encontro em Nova York. Ninguém sabe que estamos ali, ninguém nos vê. Nunca saímos do quarto. Penso na voz secreta que se usa ao fazer amor, como a voz secreta que se usa num consultório com um psiquiatra. Ninguém além dessa pessoa a ouvirá na vida. E ali nós ouvimos um ao outro, mas nós trancamos essa voz em nosso tato, e o vácuo do quarto a lacra para que fique fresca até conseguirmos respirar novamente.

Quando ele rompe o silêncio, é para dizer: "Quero que você saiba que, quando engravidar, nada vai mudar, só o tamanho de suas roupas."

E depois tomamos nossos rumos separados.

Ele não gosta que meu portão da frente não feche direito. Embora ele esteja em um set a milhares de quilômetros, manda operários para consertar e me faz colocar uma tranca reforçada na porta da frente. Ele não gosta que eu não possa abrir minhas janelas à noite porque não tenho telas para impedir que os gatos saiam. Ele manda operários para fazer as telas. Ele compra para mim um livro enorme de Flann O'Brien que eu pretendo ler, mas acabo usando para matar uma aranha viúva-negra.

Estou sempre no banho (no útero) quando seus torpedos ganham vida, de longe, tarde da noite. Tomo banho, me enxugo, desço ao sofá-cama perto das janelas de folhas duplas. Nunca paramos de trocar mensagens. "Espere", digo uma noite, "um guaxinim está me encarando." "Não tenha medo, garota! Sou eu fantasiado de guaxinim. Vou abanar o rabo para você saber que sou eu." Uma coisa fica no fundo de meu cérebro o tempo todo: MC lembra meu pai.

Ele decide que, no meu aniversário em dezembro, iremos a Istambul juntos (tiramos essa de nossas fantasias de ciganos) e quando terminarmos a viagem, voltaremos e faremos Pearl. Quando ele não está falando em fazer amor comigo, está falando de Pearl e quando não está falando de Pearl, fala de nossa viagem a Istambul.

Numa noite, por motivo nenhum que preste, eu tenho pânico e medo de que isso acabe. Prendo a língua e coloco o telefone embaixo do travesseiro para escondê-lo de mim. Ajeito-me para escrever e ao fazer isso um desfile de filhotes de guaxinim passa rebolando por minha janela. Fico mais calma. "Obrigada, MC!" Não conto a ele sobre isso, mas agradeço assim mesmo. Os guaxinins aparecem toda noite às 8:20, até ele voltar para casa.

A TV, num azul fraco, está ligada quando eu entro. Ele está no sofá, nu e dormindo profundamente. Eu o olho. Procuro não incomodá-lo. Distraio-me o máximo que posso. É uma casa grande. Vou de um aposento a outro. Abro gavetas. Pego um postal de Veneza. Pela letra rebuscada no verso, sei que é de uma mulher e sinto por instinto que ele a fez sofrer. Fico passeando pelo postal. Sem fixar o olhar. Vou ao banheiro e uso um dos tampões dela. Foi deixado para mim pela "primeira sra. de Winter". Por fim, depois de deixar que ele durma mais vinte minutos, subo em cima dele. Ele abre os olhos, sorri e, olhando bem nos meus olhos, diz:

– Senti saudade!

Quando chego em minha casa na manhã seguinte, abro o e-mail sobre o dr. R. Foi enviado a uma conta que raras vezes verifico e já estava ali havia algum tempo.

Capítulo 24

MC DIZ TUDO O QUE PODE PARA AJUDAR. Escreve-me poemas. Conversamos por horas. Até que não há mais nada que ele possa dizer. Então ele me manda uma coisa.

Manda por FedEx caramelos Werther's.

Quando volta para casa, lê cada obituário do dr. R. Deixa-me falar dele por dias. Deixa que eu chore. Embora ele tente me convencer de que o fato de o dr. R ter guardado segredo de sua doença não foi uma traição, é uma sensação de que não consigo me livrar, a não ser quando MC está fisicamente arrancando-a de mim. Do lado de fora do quarto, assamos muitos bolos. Colaboramos nos farelos de ruibarbo. Fazemos a maior parte disso em seu fuso horário, o que significa que cozinhamos lá pelas cinco da manhã e fechamos os olhos por volta das sete e meia ou oito da manhã.

Na época em que descubro sobre o dr. R, os jornais descobrem sobre mim.

Lemos obsessivamente os comentários desagradáveis. Quando se vive com vozes na cabeça, você é atraído inextricavelmente por vozes *fora* de sua cabeça. Quase sempre as vozes trabalham para confirmar suas piores suspeitas. Ou para você pensar em coisas que nunca podia ter imaginado! Há somente tantas horas do dia para você se odiar. As vozes de fora põem mãos à obra, em rodízios voluntários.

Estou gorda e feia. MC não toma banho. Estamos grávidos. (As pessoas sempre dizem que você está grávida antes de realmente engravidar, que vocês moram juntos antes de se mudarem para uma casa e que vocês são almas gêmeas antes de vocês terem verbalizado isso. Tudo isso tira um pouco da alegria da coisa.)

Conto a ele de minha irmã que, após uma pesquisa na internet, reuniu os comentários em uma conclusão só: "Você está tendo um bebê feio e gordo que usa MC para vender livros."

MC sorri.

– Só se for uma menina, amor. Se for menino, é um anoréxico sujo que está usando você para aumentar a credibilidade intelectual dele.

MC volta ao set. Mamãe, papai e Lisa vêm me visitar.

O filme infantil *Kung Fu Panda* é anunciado em outdoors em toda parte e uma das primeiras coisas que mamãe diz quando entra pela porta é:

– Eu *não quero* ver a palavra "Pandamônio". – Ela balança a cabeça. – Não vim aqui pra isso.

Outras coisas que ela não quer ver em Los Angeles e que provocam uma reação vocal e vigorosa:

Fotos de Seth Rogen.

Nectarinas da Whole Foods.

E toda a família enlouquece com o bip incessante dos torpedos de MC.

Capítulo 25

Um dos pacientes do Dr. R descobre sobre sua morte em meu blog. Um viciado em drogas de meia-idade que entrou e saiu de tratamento, ele andava tentando marcar uma hora e ouviu o recado dizendo que o consultório estava fechado.
Seu nome é Mike e ele escreve no próprio blog:

A depressão é um saco. A depressão, acompanhada da morte do mago que podia fazer uma magia e ajudar a sumir com ela, é ainda mais medonha. Mas merdas acontecem e em geral há um motivo para isso.
O Grande Mago Dumbledore morreu antes de poder derrotar o mal...
Mas, com sua morte, Harry conseguiu dispor da sabedoria e do poder para agir ele mesmo. Talvez haja uma lição aí para Mike. Talvez não seja a magia, mas o conhecimento. Meu Dumbledore está morto e sei que sua Fênix renasceu. Agora é minha vez de procurar o conhecimento para derrotar o mal. É uma grande batalha e talvez eu seja verdadeiramente o mal que precisa ser derrotado, talvez não. Mas essas lições ainda estão por ser aprendidas.
Hoje, quando passo correndo pela rua 94, minha metáfora de Hogwarts, há até um castelo na esquina, eu vi um raio de luz – Fawkes, a Fênix alçando voo.

MC vem para casa e começa a gritar "Mulher Cigana?", e eu me escondo dele atrás do sofá, porque sim. Estou planejando dar um susto nele. "Mulher Cigana?", ele berra. E aí eu tenho medo. Por que eu me escondi atrás do sofá, nua? É uma coisa doida de se fazer. Eu sou louca. Isso não é bom. Eu devia só sair dali. Ou podia ficar atrás do sofá para sempre e ele um dia seguiria com sua vida e eu teria de ouvi-lo fazer amor com outra mulher no sofá e isso seria uma droga, então o que eu devia fazer é sair agora. Ele vai até o final do jardim chamando por mim. Eu saio, visto minhas roupas e me arrumo no sofá. Quando ele volta, digo que estava ali o tempo todo e ele simplesmente não me viu. Depois conversamos sobre transmorfos, depois transamos, depois nadamos, depois vamos ler um pouco, depois escrevemos um pouco, depois assamos um bolo, depois vemos um filme, depois transamos, depois vamos dormir. Em algum lugar pelo caminho ele diz: "Que bom que não somos mais loucos", e eu concordo.

Capítulo 26

CONHECENDO A PROFUNDIDADE de meus sentimentos pelo grande homem, MC consegue passagens para pegarmos um avião e ver Leonard Cohen tocar em Lisboa, Portugal. Aos setenta e quatro anos, é a turnê de retorno de Cohen, depois de anos morando numa montanha como monge budista, depois de anos, antes disso, de álcool e dor. O local onde ele se apresenta é basicamente um estacionamento. Ouvindo, de olhos fechados, MC me abraça, eu carrego o dr. R comigo. Carrego a sabedoria de todos os judeus, de tudo o que vale a pena saber. Ouço Cohen transformando coisas feias nelas mesmas, tornando-as belas. Em grande parte, estou aqui por causa do dr. R. Penso naquela sessão em que contei a ele do que aconteceu em San Francisco. E percebo que esta é a noite mais feliz de minha vida.

Fico rolando isso sem parar como se fosse um seixo. Estou tão feliz, já estou assim com MC há seis meses e é o maior tempo de que consigo me lembrar. Não é mania. Será mania? Não é. É carência? Não é. Não precisamos um do outro. Só curtimos muito, muito um ao outro. E somos bons juntos. Somos boas pessoas juntos. E eu tenho uma sensação muito estranha. Sou capaz de verdadeiramente tocar isso tudo, essa felicidade, e a tristeza também, posso acompanhá-la toda com meus dedos. Não é teórica nem distante. Não é fac-símile. Esta sensação gosta de mim. Sou eu. Eu amo e, pela primeira vez em um relacionamento, também gosto de mim. Sempre que ele diz "eu te amo", eu respondo "Acredito em você".

Quando voltamos para a casa que alugamos em uma pequena aldeia de pescadores, MC combina de meus pais virem ficar conosco. Antes de eles chegarem, ele passa uma meia hora angustiante perguntando se esconde ou não os contos de Tchekhov que esteve lendo.

– Não quero que eles pensem que deixei isso aqui na mesa para fazer com que gostem de mim.

– Ora. Está lendo esses contos?

– Estou.

– Então deixe onde costuma deixar.

A primeira coisa que mamãe faz quando entra é olhar a mesa de centro e dizer, radiante:

– Oh! As pessoas não leem muito os contos de Tchekhov!

Enquanto a ajuda com suas coisas, MC suspende o suéter de minha mãe até o nariz e se vira para ela.

– Queria sentir o cheiro do seu suéter. Eu me contive.

– Pode cheirar – oferece ela docemente.

Ele me puxa de lado e cochicha.

– Ela parece âmbar, há tanto refletido por dentro. Só queria ficar olhando para ela. – Ele tem razão. Que ele entenda, de cara, como ela é maravilhosa, faz com que eu confie mais nele.

MC passa manteiga num biscoito digestivo e as orelhas de papai se eriçam.

– Está colocando manteiga em um biscoito digestivo?

MC aparenta culpa.

– Sim. Acho que devíamos passar manteiga em tudo até descobrirmos algo que não combine com manteiga em cima.

Papai fica deliciado. Todo seu rosto se contorce de alegria – ele tem uma boca triangular, como a de Eric Cartman de *South Park*.

Eles saem à noite juntos ostensivamente para buscar um jantar para nós. Depois do que parecem várias horas, mamãe e eu começamos a nos preocupar. Por fim voltam com um prato indiano lindo que devoramos. Embrulhamos os restos, mas comemos tudo tão rápido que nem me lembro do que era. Pegando um pincel atômico, papai rotula uma embalagem de "Mistério". MC rabisca embaixo:

"... embrulhado em uma charada". Papai pega a caneta de novo.
"... coberto por um enigma". Eles sorriem um para o outro.
Depois dos pratos lavados, mamãe olha para MC.
– Vocês deviam ir para a cama antes que seu pai diga alguma coisa horrível.

A mente de papai zumbe perceptivelmente – há tanto material de tabloide para escolher que ele simplesmente não consegue. Meu pai se levanta de um salto e, apontando para MC, berra:
– MC é feito de queijo e geleia!

Desde então, quando meu pai fala de MC, diz "meu amigo disse que...", mas um dia eu falo "seu amigo mandou lembranças", e papai rebate: "Ele *não* é meu amigo. *Eu* é que sou amigo dele."

No supermercado Spar, duas crianças de nove anos com uniforme de treino do Ronaldinho nos seguem pelo corredor. Pegamos os dois encarando.
– Não ligue pra ele, MC, ele é só um cabeção! – diz um garoto ao outro. Isto, apesar de ter ele mesmo a maior cabeça que qualquer um de nós tenha visto. A falta de autoconsciência nos enche de prazer e saímos saltitantes na noite.

Num posto de gasolina, uma mãe empurra o filho pequeno para MC tirar uma foto. O menino se contorce para se afastar. Por que não faria isso? MC está numa fase sartorial que só posso descrever como Bobby Sands no Dexys Midnight Runners. Esta criança sempre se lembrará dele como uma visão apavorante de seus pesadelos.
– Querida, ele não quer – pede MC.
– Quer, sim! – diz a mãe ao menino.
– Querida, ele não quer.
– Agora não vai ganhar nenhum doce! – Nós a ouvimos gritar para o filho.

MC coloca a cabeça entre as mãos.

Para animá-lo, vamos fazer sua coisa preferida – um passeio de carro noturno sem destino – e ouvimos "Postcards From Italy", de Beirut, e "One More Cup of Coffee", de Bob Dylan, repetidas vezes. Temos de apertar replay antes que a música termine.

– Você faz isso? Eu faço – diz MC, mantendo a mão no meu coração enquanto dirige.

MC quer fazer uma viagem de carro pela América quando voltar. Pede-me para reservar o Natal e meu aniversário para a viagem de sonhos a Istambul. Decidiu que devemos começar logo a tentar ter Pearl em janeiro. Eu quero tudo o que ele quer.

"A única coisa que tenho certeza", escreve-me ele, "é de que quero que sejamos uma família."

Nós nascemos sozinhos e morremos sozinhos, mas temos de percorrer o caminho com pessoas e se, como o dr. R, você tiver sorte, terá um consorte digno. Sinto que tenho isso. Não consigo expressar o quanto admiro MC, sua inteligência, sua gentileza, sua sensibilidade. O dr. R não pode ver, mas todo nosso trabalho levou a isso.

Capítulo 27

Estamos em um retiro budista perto da aldeia de pescadores, deitados de costas na relva do alto do penhasco. Estamos descalços; nossos cabelos espalhados como em uma autópsia. O mar atrás de nós. A vista é espetacular. Luke Kelly cantando "Raglan Road" e a voz em minha cabeça: "We tread lightly along the ledge/ of a deep ravine where can be seen/ the worth of passion's pledge."*

Ficamos deitados lado a lado, as pontas dos dedos se tocando, mas não falamos nada. Penso no dr. R. Em como ele me deixou, sem me contar para onde estava indo. E como, antes de partir, ele plantou a semente em minha cabeça daquele cliente que teve uma overdose no Chateau Marmont. Depois de um tempo, digo com a maior leveza que posso:

– Pensei que fosse você.

– O quê, amor?

– Quem teve uma overdose no Chateau. Pensei que você fosse paciente do dr. R também e que estávamos deixando de falar nisso.

Ele sorri.

– Não, amor.

Ficamos em silêncio novamente. Ele está em um mundo só dele. Minhas lágrimas caem muito suavemente na relva. Um dia eu queria voltar ao retiro e ver se ficou alguma coisa ali, onde chorei. Nunca na vida experimentei tanta paz ou tanto amor. Essas duas palavras-chave hippies do idealismo. Tão surpreendentes, os momentos em que elas são realmente tangíveis.

---

*"Pisamos levemente ao longo da borda/ de uma ravina profunda, de onde se pode ver/ o valor de uma promessa apaixonada." (N. do P. O.)

Ao passarmos pelo retiro em direção à saída, MC toca cada bandeira colorida budista e, ao fazer isso, me pergunta:
– Você é minha?
– Sou.
– Você é minha?
– Sou.
– Você é minha?
– Sou.
– Você é minha?
– Sou.

Ele precisa ficar na aldeia de pescadores, filmando por algumas semanas. Eu volto à América na manhã seguinte. Saindo de nosso hotel para jantar, por acaso paramos numa loja de artesanato. Em meio aos suéteres Aran e bolsas de tricô, está um casaco felpudo rosa para uma garotinha, com orelhas de coelho no capuz e uma cenoura de flanela macia costurada num bolso. É a coisa mais lindinha que já vimos. MC ofega.

– É o casaco de coelho da Pearl.
– Ela ficaria uma gracinha nisso – concordo.

Mas há uma névoa diante dos olhos dele.
– Quero comprar para ela agora.
– Volte e compre quando ela tiver nascido – pondero.

Ele toca o casaco. Afaga-o. Sente-o no rosto. Anda de um lado para o outro, entra e sai da loja. Saímos em direção ao hotel. Ele gira nos calcanhares e volta à loja. Sai com o casaco de Pearl em uma sacola plástica. Olho para ele. Ele me olha e dá de ombros.

– Tive medo de que vendessem para outro.

Em nosso hotel, um homem corado nos acorda gritando às seis da manhã com a sua cara vermelha. A bandeja do café da manhã que pedimos não é tão farta quanto seus pedidos insistentes para que MC coloque os filhos dele no filme. Associo qualquer problema que tive desde então diretamente a esse nojento gritão, como se ele fosse a bruxa entrando de penetra no baile da minha noite de núpcias.

Capítulo 28

— SABIA QUE A IDEIA DE VOLTAR PARA VOCÊ e para casa, começar nossa vida e formar nossa família é o que está me motivando para fazer esse filme? Eu fico em Los Angeles, esperando muito que MC volte. Contava os dias pelo *New York Times* de domingo, que lemos juntos na cama em minha casa (por algum motivo sempre nos levantamos e vamos para a minha casa para lê-lo) depois de comprar café na barraca de Spike e Lilly em Laurel Canyon.

Ele sabe que minha mãe me mandou por e-mail uma cópia de minha carta de suicida porque eu estou escrevendo sobre o dr. R e ele quer estar comigo quando eu ler. Pergunto o que ele quer de jantar de boas-vindas e lhe preparo o que combinamos: ceviche e um cheesecake de maracujá, a fruta da paixão.

Ele me manda um torpedo do avião dizendo que estará em meus braços dali a poucas horas e que nossa vida juntos começará para valer. Depois desliga o celular e o avião decola.

Tenho um ridículo e burlesco vestido vermelho todo franjado e decido me sentar no muro de minha casa e esperar, como Penélope procurando Ulisses no mar, só que com mais lantejoulas. No último minuto sinto frio demais e decido que seria melhor vestir algo com acesso mais fácil. Coloco um vestido-camiseta.

O avião dele pousa.

Quando ele chega à minha porta, está tremendo como... "uma folha", costuma-se dizer, porém mais parece alguém precisando de exorcismo.

— Você está bem?

— Não. Não estou.

– Vamos lá pra cima.
Deitamos na cama. Ele me olha.
– Acho que preciso de espaço.
– Tudo bem.
– Tudo bem? – Ele tem lágrimas rolando dos olhos.
– Está tudo bem.
Repito isso várias vezes enquanto afago sua cabeça – "Está tudo bem, tudo bem" – porque não sei o que está acontecendo. Ele coloca a cabeça em meu colo e seus ombros se sacodem.
– Obrigado, obrigado.
Ele fica deitado ali por um longo tempo.
– Em, você está aceitando isso tão bem.
Ele parece estar no bagaço, como algo que você encontra no triturador do ralo depois que lavaram o cabelo na sua pia.
– Você precisa de espaço – digo a ele, perguntando-me onde ele colocou o casaco de Pearl.
– Eu preciso de todo o espaço.
Um pensamento me ocorre.
– Você queria que eu tivesse Pearl porque pensou que, se tivéssemos um filho, você não conseguiria ir embora? É por isso que queria que eu engravidasse?
– Talvez. Pode ser essa a verdade. – Ele não consegue me olhar porque chora muito.
– Vá comer o ceviche.
– O quê?
– Vá comer a porra do ceviche que me obrigou a fazer.
Eu imagino que, quando ele for um velho e analisar a vida que viveu, as separações espalhadas pelo chão de sua biblioteca como livros caídos da estante, "vá comer a porra do ceviche" será uma das coisas que ele vai pensar ter lido errado. Mas é o que eu digo.
Ele funga, enxuga o rosto, sorri amarelo.
– Tudo bem. Se você vai comer comigo.
Comemos na travessa.

– Essa é a coisa mais saudável que eu como em meses.
– É assim que o amor deve ser: o que temos – diz ele, devorando o jantar que preparei. – Este é o padrão que nós dois teremos de manter quando estivermos com outra pessoa.

E é loucura, porque nós estamos ali, esta é a questão, você não deixa o caminho para encontrar o caminho. Isto é o que ele diz que devemos procurar. Não entendo nada.

Tranco-me no banheiro. Grito por baixo da porta:
– Pode ir agora.
– Em. Por favor, me deixa entrar! Em!
– Eu estou bem. Por favor, vá embora.
– Você se cortou?
– Não.
– Vai se cortar?
– Acho que não.
– Prometa!
– Não posso.

É ali que meu gato se tranca quando fez travessuras. Enrosco-me em seu tapete. De onde estou posso ver, pela janela do banheiro, MC sair por minha porta e depois pelo portão. Ouço-o ligar o carro (ele fica sentado lá por algum tempo) e depois o ouço partir. Ainda assim, espero no tapete como alguém que não sabe se seu agressor foi ou não embora.

Enquanto ouvia os passos dele descendo minha escada de madeira, limpei o catarro da garganta e gritei:
– Leve o cheesecake.
– Está bem.
– E leve a carta de suicídio.

Sua voz aqui falha.
– Está bem.

Capítulo 29

4 DE MARÇO DE 2000

Mamãe

Papai

Lisa

Por favor, perdoem-me
Tive uma vida tão feliz com vocês
Agora a lama se deita e vai dormir.

Eu os amo sempre.

Eu os protegerei sempre.

Capítulo 30

Preciso mais do que nunca do Dr. R, mas tenho de passar por este rompimento sozinha, como fazem as pessoas normais. Só que eu não sou normal, ele não é normal e esta não é uma situação normal. MC e eu estamos na casa dele vendo *Ensina-me a viver* e depois *Feitiço da Lua* e depois *Cleópatra*. Olho para Liz Taylor, olho para Burton. Já percebeu que a gente só sente verdadeiramente o gosto do chocolate que está comendo quando chega no último quadradinho? Este fim de semana é assim. Ele está vendo *Cleópatra* dizendo: "Esse cenário levou séculos para ficar pronto e não valeu a pena. Está vendo aquela parte com os pássaros? Teria levado três dias!"

Ele trabalha durante uma semana em Santa Fé e eu imagino que voltará com joias de índios americanos e um pedido de desculpa. Em vez disso: "Trouxe isso pra você."

Inventário – Sacola de Presentes:

2 X galheteiros vintage de "Jeannie é um Gênio"
1 X caneca "Pais! Recusando-se a pedir informações desde 1932!"
1 X ímã de geladeira cômico de George Bush

Olho para aquilo. O contexto me escapa. O amor da minha vida me trouxe uma sacola de porcarias inúteis.

Depois disso, encontro uma carta em meu website que tinha ignorado (o que não faço com frequência) porque descrevia um retrato que a autora pintara de MC. Paro de ler ali. Ela envia novamente e desta vez eu leio. MC é muito parecido com o irmão mais novo dela, diz. Ela não se interessava muito por MC antes de o irmão morrer de overdose de heroína e depois de ele falar sobre o vício. Ela sente falta do irmão. Encontrou o corpo dele. "Não sou louca nem perigosa, só meio excêntrica e solitária." Isso parte meu coração, a consciência que ela tem de si mesma. Conheço esta sensação, a tristeza por dentro, eu a vejo, sou capaz de articulá-la calma e claramente, e não faz nenhuma diferença. Sei que a pintura da mulher só está ali e penso em pegar. Agora não. Não agora.

MC deixa mais duas coisas na minha porta numa madrugada. A música que ele fez para mim. Para me atrair. E sálvia, diz ele, para eu queimá-lo dentro de mim.

Não pode fazer isso, contribuir para que eu o exorcize. É como dar um apelido a si mesmo.

Como não sabe que acabamos, sua comunidade de fãs online continua a dizer que sou feia e gorda. Eu sentia que era gorda e sentia que era feia e há algo ao mesmo tempo apavorante e revigorante em ver isso dito por estranhos. Procurando pelo pior que pode encontrar, MC, em pessoa, digita no Google permutas exóticas de seu nome:

MC + Sem Talento + Babaca

Olho compulsivamente os comentários sobre nós e embora eu entenda que ler aquelas coisas é uma versão de automutilação, não sei como parar. Enveredando por território judeu, me vejo ansiando pelos tempos do bom e velho antissemitismo escrito à mão. Os fãs virtuais começam a desejar ativamente a minha morte. "Talvez a gente tenha sorte e ela tome uma overdose de lítio", diz um. A frase termina com um ícone de uma carinha sorrindo. Não se vive antes de ter experimentado uma ameaça de morte por emoticon.

Logo eles fazem uma pesquisa que me relaciona com o dr. R e estão especulando se sou viciada em cocaína. Isto acaba comigo mais do que qualquer outra coisa, o fato de escreverem o nome dele. Mas... por que estou aqui?

Por que dou ouvidos? Porque parte de mim, mesmo depois de todo o trabalho dele, ainda não sabe quais vozes são reais e outras não?

Se o dr. R estivesse aqui, se o dr. R ainda estivesse vivo. Minha mãe está fora de si, mais do que já vi. Não sei o que fazer ou a quem procurar, então escrevo a Mike, o viciado do dr. R.

Emma

Sendo viciado e sem estar em recuperação no momento, mas tendo estado muita vezes em reabilitação e recuperação, uma das lições do AA treinadas em casa é nunca usar o inventário de vícios de terceiros. Em outras palavras, não tenho como saber se o que outra pessoa está fazendo é certo ou errado. Só posso falar de minha experiência pessoal, que pode ou não ser a verdade para outro.

Eu nunca minto – sou uma pessoa ostensivamente verdadeira com quase tudo. Meu vício (ou doença, como chamam alguns) sempre mente. O vício em mim dirá ou fará quase qualquer coisa. Ele odeia a pessoa que sempre diz a verdade, então mente por mim. Quase posso ouvir a mim mesmo dizendo: "As vozes chegaram."

Já tive relacionamentos muito bons com mulheres, o vício sempre estraga tudo. Eu me apaixono rapidamente, é uma euforia que por um tempo se compara com a da droga. Nunca traí, sou sexualmente monógamo, mas sempre traí com as drogas antes que os relacionamentos acabassem. Fui casado com minha facilitadora (alguém que nunca nem mesmo tomou um drinque), divorciei-me quando meu comportamento tornou-se disfuncional demais para superar nossa codependência, tive um tempo de recuperação decente, me relacionei com ótimas mulheres, o vício sempre fodendo tudo mais cedo ou mais tarde e vol-

tei com minha esposa original por algum tempo, codependente como sempre. Comecei a ver o dr. R algumas semanas atrás para uma volta à terapia porque eu estava novamente ficando disfuncional demais para superar nossa codependência. As coisas se acalmaram, mas isto não é um processo saudável, para nenhum dos dois, mas eu preciso dela como minha melhor amiga.

Os viciados precisam de grandes amigos, gente saudável precisa de relacionamentos saudáveis.

Espero que minha experiência lhe dê algum discernimento sobre meu comportamento de viciado. Acho que o dr. R pode se sentar de novo em sua cadeira giratória, levantar a cabeça da pasta parda em seu colo (sempre me perguntei o que significariam aquelas marquinhas que ele fazia) e, com um olhar malicioso mas preocupado, sugerir uma visita ao ALANON para ouvir umas experiências de pessoas que se relacionam com dependentes químicos.

Mike

Capítulo 31

Estou súbita e enervantemente com pânico de mim mesma. O cheiro de minhas axilas. Meu cheiro na ponta dos dedos depois de me masturbar. O perfume de meu cabelo no travesseiro. Seu amante diz "isto é o que você é e isto é o que você é", e você ri e diz "Não entendi o que você quer dizer!". E depois que eles vão embora, só depois, aí você sabe o que eles querem dizer. E não há ninguém com quem dividir isso.

É só uma dor de cabeça. Não é uma tragédia. Uma tragédia seria perder o pai de meus filhos para o câncer. Com isto eu lutaria ao máximo. Existem trinta e um sabores de dor, como uma sorveteria no inferno. Posso me permitir sentir dor em uma separação? Quando a esposa do dr. R e os filhos vão superar a perda dele?

Vista chorando na cerimônia do Shabat, sou chamada à sala de meu rabino. Conto a história, meu constrangimento por sentir essa perda tão difícil quando vem logo depois da morte do dr. R.

O rabino Wolpe meneia a cabeça.

– O amor é extremamente sério. Não acho que seja banal.

Um outono de congelar em Manhattan e acho difícil voltar a Nova York, especialmente para encontrar pessoas no Upper East Side. Em um raio de quinze quarteirões, existem duas salas onde eu tirei a minha pele. Ninguém nunca soube. Em uma sala, falei sem parar com um sujeito sábio de calças de cós alto. Na outra, mal havia alguma palavra, só um homem esquelético coberto de hematomas novos, beijando uma mulher com curvas e cicatrizes que desbotavam.

Estou em Nova York pela honra de almoçar com a viúva do dr. R, Barbara. Nos encontramos no Sarabeth's, perto da esquina de seu trabalho. Ela é loura, bonita, tremendamente inteligente. Para combinar com seus cabelos de sol, eu como alimentos amarelos. Primeiro como uma omelete e depois as panquecas de ricota com limão do prato dela. Imagino que, se eu só continuar comendo, não vou chorar na frente dela. Se eu não chorar, também posso parar de dizer a mim mesma: "O que houve? Por que ele não me avisou?"

Ela sorri enquanto como a comida dela.

– Ficamos juntos por 27 anos. *Carpe diem* era nosso lema. Ele era alguém que acreditava, do fundo do coração, na vida, e sempre vivemos assim, e assim continuamos depois do diagnóstico.

Ela empurra os restos para a borda do prato como se, caindo na ordem certa, ela pudesse dizer a coisa certa para fazer com que eu me sentisse melhor. Mesmo em sua tristeza, ela está pensando nos pacientes.

– Ele dava aos pacientes um sentido de confiança, por mais confusas que estivessem as coisas. Ele era otimista assim. Quando recebeu o diagnóstico, ele disse "A vida é dura mas vamos lutar, passar pela químio e continuar". Nunca ocorreu a ele e portanto nunca ocorreu a nós que ele não venceria. O fim foi um grande choque.

Tirando da bolsa, ela coloca uma pilha de livros na mesa.

– Estes chegaram para você. – Eu olho. Estão endereçados a mim, dr. R e MC. Estão salpicados de fotos recortadas de revistas de mim e MC juntos.

– Sabe do que se trata? – pergunta ela.

– Só algum fã maluco.

– Não entendo.

– Eu estava namorando um astro do cinema... – Paro, porque parece que estou explicando uma subcultura marginal. Transgêneros. Bichos de pelúcia. Atores.

Despedimo-nos com um abraço.

Ao pegar o trem 6 para casa com os livros do meu stalker, penso em como é estranho que o dr. R e MC finalmente tenham se cruzado, de um jeito bem diferente do que eu queria. E penso em Barbara, suas palavras de despedida antes de eu ir para a estação.

– Eu sempre digo a meus filhos e digo agora a você: você pode ter esse tipo de amor. É como segurar o aro de bronze no carrossel. Você pode ter. É só segurar. É claro que o problema em ter esse amor... – o trem ganha velocidade, sua voz em minha cabeça foge – é que você também pode perdê-lo.

Capítulo 32

Recebo uma notificação por e-mail de envio da lingerie Love Fifi. "Estamos muito satisfeitos por você nos encontrar. Vamos cuidar de você, agora e para sempre."

É muito gentil da parte da lingerie garantir-me isso, mas é assustador. Eu não quero promessas. De ninguém.

Percebo que o creme para mãos em minha cama diz "aplique generosamente" e eu digo em voz alta: "Vai se foder, creme para mãos!"

Vejo O, The Oprah Magazine, na banca e, embora em geral ela pose de diferentes ângulos felizes em cores felizes, este mês parece que o "O" é de Ofélia, que flutua pela capa ao fundo. Como consertar o amor *e* o vestido manchados pelo afogamento!

Um guaxinim caminha na minha janela. Mas não há mais presságios, nem coincidências, nem sinais. É só um animal, raivoso, de garras furiosas. Ele só está tentando sobreviver.

Sinto as águas subindo em volta de meu coração. Elas não param. Este é meu último suspiro, este é meu último coração. Procuro freneticamente por um bolsão de ar.

Faço sexo com um cara que salva meu gato preso no alto de uma árvore. Um Rottweiler persegue Perry quase até o topo. É um Rottweiler manso, mas Perry sabe do estrago que pode causar.

– Posso tentar pegá-lo? – pergunta o homem, um amigo de passagem de meu senhorio. Ele se impele com facilidade para cima e gentilmente convence Perry a descer.

Entro em casa para encontrar um presente de agradecimento. Não consigo encontrar nada de bom, então dou a ele minha vagina.

Ele é muito, muito carinhoso com meu gato. Ele é rude comigo. Não poderia *pelo menos* ser assim: ele salva meu gato de uma árvore... depois falamos de Barack Obama... depois transamos? Não, não um preâmbulo tão gentil. Significa menos que nada e em doze horas pode significar tudo. É afobado e isto significa que meus remédios não fazem efeito. É onde estou novamente. Eu estava tentando quebrar um encanto. Não deu certo. Eu falei errado. Em vez disso levou-me de volta no tempo.

Perry desce da árvore cheio de tédio. Pega quatro bocados de comida e fica entediado. Não quer brincar lá fora. Só quer ficar perto de mim, carne quente contra carne quente, e isso parte o que resta de meu coração.

O salvador do gato volta para me ver, uma, duas vezes. Não sabemos o número um do outro, ele simplesmente aparece. A cada vez sou apanhada desavisada e vestindo algo mais sem graça, bizarro e desfavorável do que a última. Como se eu estivesse de poncho e vermes saíssem de meus olhos e um dos braços fosse feito do Dudley Moore. Um dia, eu juro por D'us, eu estava com uma calcinha que minha irmã pintou com a cara de Jon Stewart e havia também, infelizmente, manchas de menstruação.

No Halloween, um lindo bissexual aperta meus peitos e um homem me convida para sair, e a cada vez que isso acontece eu me sinto esmagada porque é a pessoa errada. Estamos a três minutos da casa de MC e eu estou com a fantasia de Branca de Neve. E não posso procurá-lo.

Lembro-me de que estou com seu cartão da locadora. Era real. Alugo três vídeos e resolvo continuar alugando toda semana, como Joe DiMaggio colocando rosas no túmulo de Marilyn todo aniversário. Só que menos beneficente e mais egoísta.

Quando as pessoas dizem: "Ele *é* mesmo um bom ator", sinto um orgulho estranho.

Pergunto a meu senhorio Scott se posso pintar o primeiro andar da casa de hóspedes. É de um off-white deprimente e está lascado. Ele anda por ali e estou em um degrau bufando, chorando e espalhando tinta.

– O que está fazendo?
– Pintando. Você disse que não tinha problema.
– Você não perguntou se podia pintar de rosa. Emma! Você pintou a merda da casa de rosa!

Estou bufando e chorando e a tinta está em minhas mãos e no meu cabelo afro-judeu e a casa é realmente de um rosa Pepto Bismol absurdo.

– EMMA! – ele se controla. – Tem muita sorte de estar deprimida agora.

Inventário – Músicas que não falam de amor, desejo, saudade ou perda:

Neil Young – "*Rockin in the Free World*". É isso. Esta é a única.

Tenho enxaquecas constantemente. A mera quantidade de remédio para enxaqueca que tomo anula o efeito da medicação psiquiátrica. Estou usando para dormir à noite. Vejo *Sinédoque, Nova York* e não entendo por que Charlie Kaufman fez um filme sobre mim e MC. Então. Estou dissociando. As condições são perfeitas. É quase a tempestade perfeita, como a primeira vez.

Olho o céu azul e as árvores e vejo lugares onde me enforcar. Eu costumava olhar pela janela de meu apartamento em Nova York e ver lugares onde cair. Onde meu corpo se espatifaria? Que galho eu escolheria?

Lá pela uma da manhã, há um estalo na cozinha e o esgoto sobe por minha pia, e não para. Parece *Horror em Amityville*. Fico limpando e ele continua vindo. O fedor é insuportável. Devolvi as chaves da casa a MC. Olho aturdida minha cozinha. Tudo virou merda.

Mando um SMS a MC. Conto o que aconteceu. Ele não me oferece um espaço em seu paraíso. Deseja-me sorte com o encanamento.

Já viu *Mulholland Drive*? Laura Harring e Naomi Watts se conhecem, apaixonam-se e vão ao Club Silencio e choram com a incrível cantora, depois voltam para casa e Naomi sai do quarto para pegar alguma coisa e quando volta ao quarto sua amante foi embora. Ela só saiu do quarto. E a vida de Naomi torna-se um filme totalmente diferente. É assim que parece.

Enquanto caminho com meu iPod, Raglan Road rola pelo Laurel Canyon abaixo: "That I had loved not as I should/ a creature made of clay."*

Topo com o salvador do gato num dia em que estou andando por minha colina local. Ele me beija. Começo a chorar. Isso não o desestimula nem um pouco.

– Humm, meu mentor morreu e depois o homem que me pediu para ter uma família com ele acordou um dia e foi embora.

– Sua energia é dominadora. Ela o sobrepujou.

– É muita gentileza sua, mas não acho que seja isso.

Ele passa o dedo por minha coxa, sob minha saia, entrando por minha calcinha.

Ele me olha e fala.

– O que estou fazendo não é sexo.

– Mas é um pouco, porque agora seu dedo está dentro de mim – digo, como se estivesse adivinhando o nome de uma música num programa de TV.

– Não. Só estou tentando mudar seu fluxo de energia.

Eu me afasto dele.

– Entendo que ao me foder com o dedo ao lado de uma rua movimentada você só esteja tentando ser gentil. Mas... é que isso não ajuda em nada.

Naquela noite espasmódica, sonho que Bob Dylan faz abortos como um bico para sobreviver. Estou grávida de Pearl e MC não quer que me livre dela, mas imagino que se Bob fizesse, MC ficaria distraído lhe fazendo perguntas, como "me fale mais de quando você e Emmylou Harris cantaram 'One More Cup of Coffee'". Funciona. Bob Dylan faz o aborto.

---

* "Que eu amara como não deveria/uma criatura feita de barro." (N. do P. O.)

Capítulo 33

Noite de eleições de 2008. Em toda TV há um homem bonito que venera sua mulher, que nos diz repetidas vezes que ele não chegaria em lugar algum sem ela. Em toda parte para onde olho durante esta separação, está escrito "ESPERANÇA". A audácia da esperança. A estupidez da esperança. A autoilusão da esperança. Eis a verdade: a esperança em geral é uma estratégia muito pobre. Começo a pensar na audácia do desespero. Tenho coragem suficiente para dizer: *isto* é uma coisa pela qual vale a pena você se matar. Se não fosse, por que seria um leitmotif da literatura, do cinema e da ópera de todos os tempos? Os clichês não são clichês por um motivo – porque são a verdade?

MC adorava o fato de eu ser complicada e confusa, que meu cabelo e o coração não pudessem ser domados. "Parece a porra da Medusa", ele se admirava. Agora eu sou um clássico do verso grego, com sua estima passada a ferro. Só outra mulher, uma mulher qualquer. Esta separação fez de mim uma Medusa com medo das próprias serpentes.

Escorregando para o fundo do poço, estendo a mão para MC, digo-lhe que as coisas não estão boas e que gostaria de falar cara a cara. Ele não responde. Por dois dias eu me revolvo em choque, sabendo que ele responderá. Mas ele não responde. Por fim um e-mail frio, dizendo que ele "está feliz por eu estar indo bem", sem mencionar o que eu disse. É como se ele não reconhecesse mais o amor que sentiu ou a dor em que estou. Fui dispensada. Não acho que eu fosse mais inteligente ou tão bonita quanto as outras mulheres a quem ele também fez isso. É só que eu era eu. Era tudo o que eu tinha.

Repinto o rosa de minha casa de hóspedes, faço uma coisa chamada stain. Agora está mais perto, digamos, do vermelho. Em 3D. Uma bad trip. Aceitando a presidência, Barack apresenta "minha melhor amiga há dezesseis anos, o amor de minha vida, Michelle Obama" e eu acho que vou desmaiar. Isso, bem ali, é o amor em ação. Quando vou para casa, tento me fixar na imagem mental feliz das menininhas negras pulando corda no gramado da Casa Branca. Em vez disso, não paro de pensar em Jesse Jackson. Ele está na plateia, chorando tanto, ele mantém o dedo nos lábios como uma mulher. É assim que eu choro o dia todo. Recorto a foto do jornal na manhã seguinte e olho atentamente. Estamos fazendo a mesma cara, mas eu porque estou desesperada e Jesse porque está em júbilo e cada um de nós tenta não desmoronar de emoção. Mais tarde, naquele mesmo dia, concluo que ele não está chorando pelo caráter histórico da presidência, ele chora da mesma maneira e pelo mesmo motivo que eu: porque MC o seduziu só para abandoná-lo pavorosamente, e ele se sente um babaca por ter se deixado levar. Ele olha para Barack e Michelle e pensa que aquele é o maior dia de sua vida e o pior, e ele não sabe o que fazer. Este é o verdadeiro motivo de Jesse Jackson estar chorando na posse.

MC era viciado em mim e agora está se desintoxicando. Costumava me mandar cinquenta torpedos por dia. E agora me ignora. É como se eu fosse antes o seu Barack Obama. E agora eu sou John McCain, reconhecendo a derrota como uma boneca de meia de cara triste, sabendo que vendi o melhor de mim mesma. Ele, meu eleitorado, não só não me quer, ele sente muita pena de mim.

Estranhamente, o escritor das palavras e vida amorosa famosas, aquele que deu um nó em minha cabeça em minhas sessões de terapia durante anos, ele é o único com quem me confidencio. Estamos jantando em um restaurante elegante, estou com um vestido bonito, meu cabelo está num dia bom, Los Angeles cintila à nossa vista e pedimos o especial. Pergunto a ele sobre o ano em que ele esteve nos tabloides por tomar crack e ele diz: "Emma, por favor, não se toma crack, crack se fuma. Tenha um pouco de respeito."

Nós rimos e no meio de uma piada que eu contava minhas lágrimas caem no salmão, que por si só já está bastante molhado.

– Não estou chorando.

– Emma. – Ele coloca a mão na minha.

– Está tudo bem, porque eu não estou chorando.

– Emma. Fale comigo.

Passamos anos sem nos falar.

Conto-lhe que acho que perdi minha fé. E que não consigo parar de escrever porque não sei quanto tempo mais poderei suportar.

Ele fecha minhas mãos nas dele. Tem salmão na manga de seu paletó.

– Emma. Você só está *muito triste*. E tem razão de estar.

Tudo o que nunca pôde ser para mim quando estávamos "envolvidos", ele compensa mil vezes esta noite.

Eu o adoro e ele me adora e eu não me importo com quem ele namore, quero que ele fique em paz, e ele não se importa com quem eu namore, ele quer que eu fique em paz. Com o tempo, o amor pode tomar as formas mais surpreendentes. Digo isso a ele.

– Confundia a cabeça do dr. R você ser uma âncora. Você era tão perigoso! Ele ficava tão nervoso com os danos que você podia causar. Eu dizia "mas ele é tão atraente". Sabe o que ele disse? "Atraente, como crack e cocaína."

Ele ri, coloca a cabeça nas mãos. Levanta a cabeça, ainda rindo.

E é a prova que eu tenho em ação de que a distância pode mudar tudo, transformar uma coisa ornamental em algo curativo, como ver um globo de neve tornar-se uma garrafa térmica.

Ele me leva de carro até a minha porta e olha para ter certeza de que estou segura, enquanto eu pego minha chave para abrir a tranca de segurança que MC instalou.

Sou recebida por uma visão que agora me diverte. Eu ficava escondendo a camiseta em que MC escreveu à caneta aquele poema de amor e, onde quer que eu a escondesse, Junior a achava e a arrastava para fora, e eu o pegava continuamente fazendo amor felino com ela, como nesta noite. Pego a camiseta, uma última vez, dobro dentro de dois sacos de lixo e coloco no fundo de meu cesto de roupa suja de que, por algum motivo, Junior tem medo.

Quando MC perguntou se ele era meu, com lágrimas nos olhos, acho que ele sabia o que iria fazer, o que ele teria de fazer, e ele chorava de luto por nós. Ele estava de luto o tempo todo, como eu agora estou pelo dr. R.

Compreender isso não ajuda em nada.

Na madrugada seguinte, digo ao homem que salvou meu gato, enquanto ele abre minha blusa: "Quero morrer." Olho nos olhos dele enquanto ele abre o zíper de meus jeans e digo novamente "eu só quero morrer". Ele acha que estou fazendo cena. Coloca as mãos em meu pescoço e aperta. Com força.

Tranco-me no banheiro com meu BlackBerry, como fiz na noite em que MC foi embora, e me pergunto, se eu ligasse para ele, ele viria me resgatar disto? Olho o número dele. Por favor venha me buscar. Por favor expulse este homem. E sei que se eu ligar... ele não vai atender.

Então volto ao quarto e deixo o homem apertar as mãos em meu pescoço novamente. Aquela não sou eu. Mas eu estou ali. Então aquela deve ser eu. Seus polegares apertam minha garganta. Pergunto-me se ele irá até o fim.

Capítulo 34

Agora que MC foi embora, sinto-me como um cidadão idoso que gastou as economias da vida toda no telefone. E este é o X da questão: nunca em toda minha vida acreditei tanto em alguém como acreditei nele. A vergonha é esmagadora.

Roçando por minha perna, um tubarão de veludo, Junior entra no meu closet para tirar seu cochilo de três vezes ao dia. Vou até o banheiro, pego meu vidro de comprimidos e sigo o gato, fico bem no fundo, assim eu não seria encontrada. Junior se aninha. Tomo três comprimidos, depois mais dois.

Conto o que resta dos comprimidos. Há mais do que o suficiente. Tenho um daqueles momentos esquisitos – eu o tive da última vez – em que sinto uma dor de cabeça e me preocupo: se eu tomar dois do vidro, sobrará o bastante para me matar depois?

Agora estou com quase trinta e dois anos. Desta vez tem de funcionar. Se não funcionar, provavelmente terei de sair desta casa de hóspedes. Agora meu crédito é ruim, nenhum lugar será tão legal assim, meus gatos são felizes aqui.

Não tem bilhete. Não me resta mais nada a dizer.

Junior engatinha para meu peito. Eu tinha esperanças de que um deles faria isso. De que eu não iria só.

No fundo do closet onde estou enroscada, encontro um sapato de salto alto que eu dava por perdido há um ano. Junior tinha colocado um chocalho de ratinho nele. Satisfeito em vê-lo, Junior acorda, pega-o com suas pequenas mandíbulas e vai para o banheiro. Desenroscando-me, eu o sigo.

Ele se ajeita no tapete. Abro a torneira da banheira e coloco os comprimidos restantes no peitoril da janela. Deito-me na água,

meu cabelo flutuando molhado atrás da minha mente em pedaços. Pelas frestas da cortina, vejo as árvores e, além delas, posso ver que a lua está cheia, a nossa lua, aquela que mandávamos de um para o outro. "Esta noite é perfeita."
E então ouço uma voz.
– Espere um pouco – diz o dr. R na forma de Junior, suas patas alaranjadas na lateral da banheira, colocando a cabeça por cima da beira, espiando-me como um suricato. – Espere.
Estou falando com o vento. Procurando consolo num gato. Vendo presságios no acaso.
Se eu fizer isso, a morte do dr. R terá sido em vão. Odeio quando a Beyoncé ganha um Grammy e em seu discurso agradece a D'us. Ele não teve tempo de ajudar em Darfur, mas tratou de fazer você ganhar um MTV Moonman. Sei que o dr. R deixa para trás coisas muito maiores do que eu. Sei disso. Sei que eu não fui o seu principal relacionamento. Mas fui um deles.
O vazio que ele deixou diante de si via o filho crescer, envelhecia junto com a esposa.
Todas as mulheres que agora me oferecem seus ouvidos são mais jovens do que eu. Ali tem 27 anos, Elishia, 28, Natalie, 27. Danielle está com 25 e passa pela mesma coisa. Não tenho coragem de dizer a ela que o melhor conselho que posso dar é que ela vai sobreviver a isso e vai passar por isso de novo. E que será infinitamente mais difícil três anos depois, e cinco anos depois, e oito anos depois pode parecer insuperável.
"Pearl, pérola, uma pérola de menina." Eu cantarolo a cada pílula branca. É como um madrigal: pílula, pérola, lágrima, pérola, pílula, pérola, lágrima.
"Vamos chamá-la de Pearl", disse MC, "porque sua beleza é criada por ela mesma com sua força de vontade intensa."
Peneirando os destroços de meu futuro, quero poder ser mais parecida com minha filha imaginária.
É claro que existem questões de padrões de vício, é claro que ele entrou em pânico. É claro que não tem nada a ver comigo. Mas

nada disso importa. Ele me amava e agora não ama. Eu era tudo para ele e agora não sou nada. Eu estava fechando minha concha em volta de mim.

    Pearl irregular.

    Faço um colar com os comprimidos. Coloco um na boca, depois outro, engolindo a água do banho.

    Junior ronrona, alto, um cântico tibetano dos mortos. E depois ouço o dr. R e olho para Junior. "Emma Forrest..."

    Não. Eu não sonhei com esta vida. Esses altos incríveis. Os baixos terríveis. Quero ser uma líder de torcida em... em...

    – Onde? – diz o dr. R, com cara de gato, injetando lógica.

    – Em Minnesota.

    – É frio lá.

    – É.

    – Melhor ser líder de torcida aqui. Onde o céu é azul.

    – Onde o céu é azul.

    Não entendo por que MC parou de ser meu marido. "Eu não parei", escreveu ele, na semana do rompimento, "eu sou seu marido. Sempre." "Mas você não está aqui." Vejo o coro espectral de outras amantes que vieram antes de mim, as outras mulheres de quem ele se afastou da noite para o dia. Eu não fui a primeira. Não seria a última. Sou uma pérola presa em um colar.

    Junior me cutuca, bate nos dedos de meus pés na água.

    – Ninguém jamais a amou como MC. E ninguém jamais foi embora tão completamente. Mas aqui está. Olhe a sua volta. A aranha sob o livro de Flann O'Brien. O portão que finalmente fecha. A tranca em sua porta da frente. De um jeito pequeno, mas importante, ele tornou sua casa um lugar seguro de se viver.

    "Eu te amo tanto", disse MC, repetidas vezes ao telefone, e embora não faça sentido, respondo "eu sei", porque sei mesmo.

    Junior sorri.

    – As pessoas só fazem o que podem.

Jogo o resto dos comprimidos na banheira. Fico surpresa quando eles vão direto para o fundo. E depois, acho eu, o revestimento sai porque a água começa a ficar vermelha. A um espectador, parece que estou me banhando no que poderia ter sido. Eu olho. E olho. Esta simplesmente não sou mais eu.

Saio da banheira. Tiro a tampa do ralo. Pego os comprimidos sem revestimento, reduzidos a sua lingerie branca, e os recoloco no vidro.

Quatro horas depois, meu senhorio aparece. Quatro horas: provavelmente teria sido salva. Talvez tivesse morrido. Teria danos no fígado. Teria sido descartada. Vou até a porta, minhas roupas cobertas de pelo de gato de ficar deitada no ninho de Junior no closet. Mas Scott não repara.

– EMMA! Você pintou a casa de vermelho!

– Desculpe!

– Parece que estamos num órgão humano dissecado. Emma! Você pintou a casa da cor de seu coração partido.

Subo ao segundo andar, fecho a porta do closet e me sento na cama, com meus All Stars surrados e minha vergonha.

– Sinto sua falta – digo ao ar para que diga ao dr. R –, muito.

O ar passa o recado dele: "Eu sei."

O vidro de comprimidos volta para o armário, para outra ocasião, outro amante, outra vida. Ou, se for necessário, só para dores de cabeça.

Capítulo 35

Livro-me de tudo que era dele. Cada livro que mandou, cada carta de amor, cada poema, cada joia, a foto com moldura da Tiffany que ele me deu para mantê-lo em segurança quando ele estivesse fora. A certa altura, por acaso abro o freezer e encontro, no fundo, a lasanha light Stouffer's congelada que ele trouxe na primeira noite que ficou aqui. Algo me diz para não jogá-la no lixo. Uma voz em minha cabeça diz que devo levar ao jardim, onde fizemos amor tantas vezes, e enterrar ali. Então eu enterro.

Minha janela da razão está batendo. Suicídios são tão trágicos porque nada os interrompeu. Reconheço que preciso verificar a dosagem de meus remédios. Barbara sugere o dr. K, o único problema é que ele mora em San Francisco. Desde o "incidente", aos 16 anos, essa cidade tem sido meu "Não dirija pelo Texas".

SB e Teeter ficaram comigo em meu primeiro suicídio dez anos atrás. Foi como o Vaticano II, este novo. Novas resoluções. Nós perdoamos os judeus. Muitos *regretti*. Minha mãe virá de avião e nos encontrará lá. Na longa estrada para o norte, SB quer ouvir a tola música americana e eu quero ouvir o pop melancólico britânico, um bom New Order. Eu venço e descobrimos que, quando os homens olham para um carro que está tocando "True Faith" no talo, perto de San Francisco, ficam desapontados ao ver três mulheres. Teeter está na traseira com o cachorro de SB, Buzzo, que traz um lenço no pescoço e um olhar furioso.

SB e Teeter bolam um jogo em que se substitui a última palavra do título de um filme por "pênis".

O silêncio dos pênis
Uma rua chamada pênis

Foi apenas um pênis
Ao chegarmos ao hotel, tomo um banho e ao mesmo tempo lavo meu sutiã, a camiseta e os tênis, porque eles ficaram suados da viagem e como eu não tenho mão para lavá-los e mão para lavar a mim mesma, deduzo que é melhor fazer as duas coisas ao mesmo tempo.
SB entra para usar a privada.
– Essa lógica tem um quê de Emma.
– Como assim?
– Você está suja, suas roupas estão sujas e você está numa banheira cozinhando em sua própria sujeira.
– Oh. Não pensei nisso.
Mamãe, após aterrissar, me liga do corredor do hotel.
– Estou perdida. – Ambas de capricórnio, ela insiste que eu sou uma cabrita montesa, enquanto ela é uma cabrita de quintal.
Percebo, durante essa viagem, as coisas que fazem com que ela finalmente pareça uma mulher de setenta anos. Ela tem dificuldade para colocar cintos de segurança, operar caixas automáticos, fechar o zíper do próprio casaco.
SB e Teeter saem para se divertir, e mamãe e eu ficamos no quarto de hotel jogando minhas cartas de tarô. Ela tira várias vezes a carta "Os Enamorados".
– Isso é você e papai – digo, de repente rabugenta por eles terem encontrado o verdadeiro amor, mesmo que isso resultasse em minha existência.
– Olha. Eu nunca contei isso a ninguém. Eu me mudei para a Inglaterra porque estava atrás de outro homem. Ele nunca entrou em contato. Conheci seu pai na primeira semana.
Eu sei que ela pretendia me abortar e papai disse: "Vamos arriscar", e eles arriscaram, assumiram o risco e estão juntos há mais de trinta anos.
Dividimos uma cama no quarto, embora eu passe a maior parte da noite acordada, preenchendo os formulários que o dr. K mandou

antes de nossa consulta. Lá pela uma da manhã, mamãe, que dorme a sono solto, senta-se reta e anuncia inexplicavelmente:
— Acho que vou dizer "oooooh".

Ela espera um segundo de comediante (um segundo de comediante, mesmo dormindo!) e depois diz "OOOOOOOOH". De imediato se vira e começa a roncar.

— Serviço de quarto? — diz uma voz na porta na manhã seguinte e mamãe atende cantando, como Holly Golightly cantando *Moon River*:
— *Rooom service, wiiiider than a mile...*

Pegamos um táxi, chegamos cedo ao dr. K, passamos o tempo fingindo que poderíamos comprar roupas numa butique ao lado, quando não compraremos nada na butique ao lado. Em sua sala de espera, ele tem as mesmas *New Yorker* que o dr. R. tinha um ano antes. Pergunto-me se ele recebeu de herança. A sala do dr. K é maior do que a do dr. R, com melhor ventilação pela janela grande. Suas cadeiras são um pouco menos confortáveis, embora a atmosfera seja reconfortante.

Magro, de cabelos grisalhos e mais ou menos da idade do dr. R, ele sorri e olha os formulários que preenchi com antecedência.
— Hum — diz ele, atrás de sua mesa. — Hum.
Ele ergue a cabeça.
— Você está esclarecendo bem.
— Assim eu deduzi, por essas perguntas, que não sou uma germofóbica nem hipocondríaca e não sou obsessivo-compulsiva. Mas todas as outras respostas. O que dizem sobre mim?
— Indicam transtorno de estresse pós-traumático.
— Ah. Brilhante. O amor é um campo de batalha.

Ele ergue as sobrancelhas e, sem que ele peça, começo a me explicar. Quando, depois de ter devorado a maior parte da sessão, finalmente paro de falar, sua resposta tem a franqueza que se pode esperar de um psiquiatra.

– Eu aconselharia que vocês não tivessem contato por pelo menos seis meses. Não responda a ele, nunca. Não entre em contato.
Seis meses.
– Tudo bem – digo. – Tá legal, então. Mas o que aconteceu?
– O que aconteceu? Com ele?
Ele vira a cabeça para cima como se estivesse pesando a resposta a minha pergunta na ponta do nariz.
– Bom. Há uma ocorrência psiquiátrica que vemos nos homens, e não com muita frequência em mulheres, em que eles depositam todas as esperanças e sonhos em uma única pessoa tão intensamente que a certa altura isso dispara um mecanismo no circuito do cérebro que os leva a girar, num minuto, 180 graus para o outro lado. Por isso não me surpreende que tenha acontecido no avião.
– Eles... eles voltam disso?
Ele tem um sorriso muito doce.
– Não é um padrão que tenhamos observado.
– Oh. Faz sentido.
– Ele é muito bom ator – diz ele, e eu respondo "obrigada".
– Mas os grandes atores – explica ele – são treinados a seguir seus instintos. Os grandes seres humanos devem considerar os instintos, refletir e não agir de acordo com eles.
Não sei por que não consigo dizer isso em voz alta (eu teria dito ao dr. R), por que eu só digo em minha cabeça:
O que as pessoas não entendem quando você já foi um suicida e superou, é que depois da tristeza vem o medo: até onde minha mente vai com isso? Eu não quero morrer. Não quero morrer. Mas tomei o comprimido vermelho e agora não sei o que vai acontecer. Quando você não tem muito controle sobre seus próprios pensamentos, sobre a miríade de vozes em sua mente, não sabe para onde eles podem ir.
O que digo é:
– Entendo, é claro, que MC não me deve nada porque isso implicaria que o mundo é justo. A morte do dr. R prova o contrário.

O dr. K fica com os olhos úmidos, discretamente. Depois pega um receituário.

– Vou dobrar seu Strattera e acrescentar Klonopin, para usar quando necessário.

Vendo-o escrever, ocorre-me:

– Então, como conheceu o dr. R?

– Oh. – Ele me olha. – Eu era vizinho dele.

– Vizinho onde?

– Da sala vizinha. Na rua 94 leste.

Fico aturdida.

– Me desculpe. Eu nunca o vi.

Ele sorri.

– Sempre me perguntei o que acontecia dentro daquela sala. Fico muito feliz em conhecer você, porque você veio de trás da porta dele.

Depois da sessão, minha mãe me leva para ver a exposição de Richard Avedon. Junto das fotos, há uma citação de Avedon: "Todos nós representamos. É o que fazemos com os outros o tempo todo, propositalmente ou não. É um jeito de falar de nós mesmos na esperança de sermos reconhecidos como o que gostaríamos de ser."

Paro na foto que ele fez de Janis Joplin, de punhos erguidos, quando ela ainda tinha vontade de brigar. E de Marilyn, de strass, exausta. Ficamos um longo tempo diante do número 40, Groucho Marx, sem maquiagem e na velhice. Mamãe diz que ele na realidade é assim. Pergunto a ela por quê.

– Há muita profundidade, sofrimento e dignidade.

Custa 45 mil dólares. Eu quero. A foto, mas também os atributos.

Vamos à City Lights, a livraria fundada por Lawrence Ferlinghetti, que lançou *Uivo*, de Allen Ginsberg. É o paraíso. Compro livros para MC que colocarei debaixo da cama e nunca darei a ele, mas eles estão ali, para ele, cobertos de poeira e pelo de gato, polvilhados com meus roncos. Um dia, eles me ouvirão fazer amor com outro homem. Mas são dele. Compro também alguns para o dr. R. Ficam na gaveta de minha mesa, sob meu computador. A City Lights tem todo livro que se possa imaginar. Enche-me de uma fissura de viciada, como se eu quisesse me ajoelhar e cheirá-los, em vez de ler.

Mamãe e eu estamos no trem de volta ao hotel quando ligo meu BlackBerry. Um e-mail de MC, uma semana atrasado, em resposta a outro que enviei. Ele diz que está feliz. Ele diz que eu pareço feliz. Entrego o BlackBerry a mamãe. Ela balança a cabeça.

– Formal demais isso e, não sei, enfadonho. Parece que ele tem amnésia emocional.

– Estou com o cartão dele da locadora – confesso, como alguém que não pode ter cometido um crime no Bronx porque o cartão do metrô registrava uma viagem ao Brooklyn.

Ela me devolve o BlackBerry.

– Acho que você tem de aceitar que o MC que você conhecia não existe mais. Fui testemunha do quanto ele a amou. Tenho as fotos. Tenho as cartas que ele me mandou sobre você. Tenho os poemas. Este não é o MC que conheci. Não reconheço esta pessoa. Emma... ele trocou de pele.

O coração dela também está partido. Ela precisa dizer a coisa que me devolverá a vida. Ela esgota todas as suas reservas. Vejo o quanto a magoa e isso me magoa também. Eu vim de sua alegria e sua dor, morei nela e vivo nela agora.

Olho incrédula ao passarmos por uma rua com o sobrenome dele, e uma quadra depois a rua com o nome do bicho de estimação que ele me deu. Nós nos cruzamos. Ele diz que agradece a cada estrela por termos existido no mesmo plano celestial. Mas aqui estamos nós na Terra, suja, gasta, uma via feita pelo homem para sonhos que se cruzam.

Digo algo sobre o dr. R, sobre sua morte repentina. Mamãe vira a cabeça para mim.

– MC morreu? O quê?!

– O dr. R!

– Desculpe, estava pensando em MC. – Ela para. Seu rosto se ilumina. – Acabo de perceber que quero matar MC.

Ela coloca uma minibarra de Snickers na boca. Olho pela janela. É uma bela cidade e estou me divertindo. Pensei que nunca, jamais voltaria. Pensei que jamais poderia pronunciar o nome dessa cidade novamente, que dirá permitir que ela pronuncie o meu. O tempo cura todas as feridas. E se não cura, você as chama de outra coisa e concorda em deixar que elas fiquem.

Capítulo 36

OBRIGO MINHA MÃE A IR À CERIMÔNIA do Shabat comigo naquela semana. Quero que ela ouça o sermão do rabino Wolpe. O sermão se revela poderoso.

"Eis aqui uma clássica história do rabino Bunim de Pshischa, que foi um famoso mestre chassídico. Um dia, andando com alguns discípulos, ele apontou para um grupo de chassidim e disse: 'Veem aqueles chassidim ali? Eles estão mortos.' Um dos discípulos então pergunta a ele: 'Como assim mortos?', e o mestre reafirma: 'Estão mortos', então os discípulos lhe perguntam: 'Como sabe que estão mortos? Eles estão de pé, estão andando!', e ele disse: 'Estão mortos porque pararam de fazer perguntas.' Eles continuam caminhando por mais um tempo e um dos discípulos diz ao mestre: 'Rabino, como sabemos que não estamos mortos?', e ele disse: 'Porque vocês perguntaram.'"

Olho para minha mãe.

"Então quero lhes dizer algo sobre fazer perguntas porque eu fiz a mim mesmo uma pergunta nova, não sobre a vida, embora tenha se transformado nisso... Mas eu estava lendo uma parte da Torá esta semana e logicamente era a mesma parte da Torá que ocorre a cada ano nesta época e eu já a havia lido não sei quantas vezes, mas nunca me fiz a pergunta. É a parte em que Jacó luta com um anjo, e enquanto luta com o anjo, quando está prestes a amanhecer, ele diz: 'Não te deixarei partir se não me abençoares... se não me abençoares.' E o anjo diz a ele: 'Teu nome não será mais Jacó, a partir de agora teu nome será Israel, porque lutastes com seres humanos e com anjos e sobrevivestes.' Ora, eu li essa história muita vezes, mas só esta semana me ocorreu que ele não o abençoou!"

Mamãe coça o rosto como faz quando está pensando.

"Ele não diz 'Que tenha teus filhos, que tenha saúde, que tenha riqueza, que seja feliz', e ainda assim Jacó o deixa ir! Então eu sabia que, como é inevitável que uma boa pergunta deve ter uma resposta que fale a nós, a nosso coração, a nossa alma, que signifique alguma coisa. Por que Jacó deixou o anjo partir?"

É aqui que começo a chorar. Mamãe me olha e tento limpar as lágrimas com um indicador em cada olho.

"E percebo que para Jacó deve ter havido uma bênção nisso, e havia e há para nós. O que o anjo deu a Jacó foi a bênção da transformação pessoal. Vocês não precisam mais ser Jacó. Vocês lutaram. E agora podem mudar."

Minhas lágrimas agora são projéteis (isso é muito bíblico).

"Não quero dizer que partes de Jacó não se prenderão a vocês, elas passarão por sua vida, mas agora são agrupadas em algo maior... E ele lhes deu na realidade a bênção mais importante – a bênção da qual fluem todas as outras bênçãos – que é ele lhes dar a bênção da transformação de sua alma em algo melhor, algo mais belo, algo mais próximo a Deus, algo mais próximo do que ele queria ser..."

Incapaz de puxar o ar, espero que as máscaras de oxigênio caiam do teto da sinagoga.

"... E é por isso que no dia seguinte Jacó pode sair e encontrar Esaú, seu gêmeo, e selar a paz. Quando li isso, percebi como é imensamente importante e também de certo modo subversivo. Não se pode abrir uma revista ou ler um jornal sem saber como você é determinado por seus genes, por seu ambiente, por seus pares, por seus pais, todos nós somos excessivamente programados por toda sorte de fatores que eliminam a possibilidade de você poder se transformar. Agora se você diz, bom, Jacó, claro que ele se transformou, mas ele tinha a vantagem de um anjo, eu o lembrarei do que diz a Bíblia: Jacó ficou só... e um homem lutou com ele até a chegada da *aurora. Então se Jacó estava só, quem lutou com ele? Quer chamar de anjo? Tudo bem, mas parece-me mais próximo dos anjos de nossa melhor natureza de Lincoln que um anjo com asas. Em outras palavras, foi uma luta consigo mesmo. E o fruto desta luta: raiva, amargura, ressentimento, inveja, ou transformação, aspiração, esperança, decência... O fruto desta luta é a qualidade de sua vida e a natureza de sua alma."*

Agora acabo de me entregar às lágrimas, como um tecido novo que inventei e modelará o resto de minha vida.

"Isto caracteriza o que podemos chamar frouxamente de uma visão de mundo religiosa, é a visão de mundo antideterminista, é a crença de que, embora muito neste mundo seja dado, definitivamente o que não é dado é a disposição de sua alma para o que você tem e o que lhe falta. Estamos prestes a entrar em uma época em que as pessoas falarão muito do que lhes falta, do que elas não têm, do que tinham antes e lhes foi tomado e isso é muito doloroso... mas também é uma oportunidade. Não se pode ter uma atitude com relação à perda se você não perdeu e não podemos saber em que realmente acreditamos em relação aos bens materiais deste mundo se estivermos recheados deles. Esta, se assim preferirem, é uma época terrível para muitas pessoas e, como todas as épocas terríveis, uma oportunidade espiritual. Se vocês estão sentados nesta congregação, eu já disse isso antes e sem dúvida direi novamente, se vocês estão sentados nesta congregação, estão entre os mais de noventa e nove por cento das pessoas mais sortudas que já viveram. Mesmo que a aposentadoria de vocês esteja no ralo, ainda assim vocês são."

Os trinta e um sabores da dor.

"A atitude que tomamos com relação a nossa boa sorte é o que determina o nível de luz em nossa alma. Não há ninguém aqui que tenha perdido tanto que não possa dar. Ninguém. E não só isso, mas não há ninguém aqui cuja alma não fosse enobrecida por essa doação, o que faz parte do passo da transformação pessoal.

"Na Chanucá, colocamos a Chanukiá, a Menorá da Chanucá, onde? Na janela. Porque nossa tradição nos diz que devemos praticar

a 'pirsumei nissá', que significa anunciar o milagre, e há pelo menos duas maneiras de entender isso. Uma é que você está anunciando um milagre que aconteceu mil anos atrás em um templo que não existe mais, que Deus que é o criador do universo e conseguiu fazer com que o óleo durasse por várias noites, o que francamente, na escala das maravilhas de Deus, sabem como é, depois de ter criado o mundo, fazer o óleo durar não é lá... é como uma dona de casa criativa que só tem um pouco de carne, mas vai fazê-la durar a semana toda, enquanto, se você ou eu cozinharmos, fazemos só uma refeição dela. Mas há outro milagre que é o de que mil anos atrás o templo foi destruído, o que significa que as pessoas que moravam no templo viveram na escuridão e no entanto aqui estamos nós, em 2008, colocando uma Chanukiá em nossa janela. O livro dos Provérbios diz que a alma de um ser humano é a vela de Deus. Isso significa transformar a si mesmo, renovar sua luz e saber que se sua luz brilha, não brilha apenas para você, que você realmente pode fazer uma diferença no mundo, que você coloca a Chanukiá na janela para que os outros vejam a luz. Espero que, na temporada que vem, por mais escura que seja, vocês sejam uma luz e partilhem essa luz. Shabat Shalom."

Capítulo 37

Vou até a Country Store e compro café pela primeira vez depois de algum tempo. Spike de imediato diz:
– Como está MC?
Eu respiro fundo.
– Ele está bem.
– Esse cara é tão apaixonado por você. Lilly e eu ficamos juntos por vinte anos e estávamos mesmo dizendo que raras vezes se vê energia como a que existe entre duas pessoas.
Eu limpo a garganta. Conto a verdade a ele.
Mamãe e eu vamos à famosa House of Blues Gospel Brunch. De jambalaya de camarão a pudim de pão de banana com chocolate, comemos de tudo. A cantora gospel no palco hoje canta com um sorriso radiante "Ain't no party like the Holy Ghost party!" e nós acreditamos inteiramente nela.
Ela se chama Sunshine e tem unhas muito compridas que se curvam e que ela sacode ao cantar "This Little Light of Mine".
Ninguém entenderia o quanto minha mãe e eu dançamos naquela manhã. Dançamos pra cacete. Na saída, mamãe dá uma parada para embrulhar umas maçãs empanadas e colocá-las na bolsa.
– *Não* leve uma velha judia a um bufê! – ela retruca, quando eu reviro os olhos.
Naquela noite assistimos a *Quem quer ser um milionário?*, que está fazendo sucesso. Quando rolam os créditos, mamãe se vira para mim, tira os óculos e fala, tranquilamente:
– Você me fez ver um filme sobre cocô.

Quando acordamos, jogamos tarô, já virou um hábito. Mamãe tira do baralho uma carta com uma pintura barroca de um homem de cabelo louro oferecendo um vaso dourado. Ela olha a carta.

– Eu teria ódio se tivesse descido e, em vez de achar café, encontrasse esse sujeito dizendo "trouxe este vaso para você".

Ela me faz rir mais do que qualquer um que eu tenha conhecido. E depois diz o seguinte:

– Acordei muito triste por você ter chorado tanto.

Ela ainda não está com as lentes de contato, então usa óculos que a fazem parecer um ratinho do mato.

– Está tudo bem, mãe. Estou acostumada com isso.

Depois que ela vai embora, tomo a decisão de não continuar indo a San Francisco, então vou ver um psiquiatra em Beverly Hills, recomendado pelo dr. K. Estou com raiva de ir. Nem mesmo escrevi seu nome, só o número da sala. A sala de espera parece um cérebro. Ele mesmo parece com todas aquelas vezes em que Jim Carrey faz um papel sério e nunca leva um Oscar.

Conto-lhe, logo de saída, sobre a perda do dr. R e como só descobri que acontecia alguma coisa quando telefonei para marcar uma hora e recebi a mensagem dizendo que o consultório estava fechado. E é tudo o que eu sabia, até abrir um e-mail do cunhado dele dizendo que ele havia falecido.

– Que coisa terrível. Isso *não* é bom!

Fico chocada. Parece que ele está com raiva de um cão. Acostumei-me a defender MC, agora estou defendendo o dr. R.

– Bom, as pessoas não deviam poder morrer quando querem? Mesmo que isso signifique deixar seus pacientes no escuro?

Ele discorda de mim com muita veemência.

Depois conto a ele sobre MC.

– Isso é pavoroso!

De repente tenho esperança de que ele seja facilmente apavorável. Estive chorando por dois meses, mas subitamente estou desesperada para não ficar bem. Quero que ele diga que estou tendo reações inadequadas. Porque estou louca. Talvez esteja doente. Talvez meus remédios não façam mais efeito.

Conto sobre os trinta e um sabores da dor e que, em face do esquema das coisas, o que estou passando é até bom.

– É só isso, fizemos tantos planos e ele ficava adiando. Os lugares a que íamos, os filhos que íamos ter.

– Claro que vocês estavam fazendo planos. É claro. Se você tivesse dezessete anos, se tivesse vinte e dois, eu teria dito "vá devagar". Não aos trinta e dois. Por isso dói tanto. Porque os planos eram adequados.

Penso nos planos de dr. R com Barbara.

– Bom, então não sei se foi real e isso faz com que eu sinta que estou enlouquecendo de novo.

– Mas é evidente que foi real. Foi um quadro real *parcial*. Como terminou precocemente, as coisas que você teria aprendido sobre ele na relação, você em vez disso está aprendendo no rompimento. Você agora sabe que ele tem um desejo desesperado de intimidade e em seguida um desejo desesperado de se entocar. Ele vai se sentir sozinho e um dia vai voltar.

– Para mim?

Ele não faz uma pausa.

– Para uma nova pessoa.

– E eu terei de ver essa outra mulher?

– Você terá de ser a Cassandra e saberá o que futuro reserva para essa mulher.

Pergunto se posso mostrar uma foto de nós dois juntos. Ocorre-me que este médico, que trata de loucos, nunca me conheceu, não sabe de nada, pode pensar que inventei tudo.

Ele olha as fotos.

– Vocês parecem extremamente felizes.

Franzo o cenho.

– Nós éramos.

Ao pegar as fotos de volta, digo:

– Eu só queria que os dois me explicassem, queria saber como as duas pessoas que amei tanto morreram sem me dizer que estavam doentes.

Ele cruza as mãos sobre os joelhos.

– Você certamente merece uma explicação e certamente não terá nenhuma.

Depois da sessão, paro numa loja de departamentos para comprar batom vermelho de que não preciso – batom vermelho é batom vermelho, não precisa ser necessário. O homem atrás do balcão da NARS aplica em mim. Ele tem a pele morena, o cabelo claro e olhos claros, e de certo modo me lembra Christopher quando o conheci, mas é supergay. Ele tenta combinar a tonalidade do batom com a da minha pele, mas encontra dificuldade.

– É difícil saber o que combina comigo agora porque andei chorando muito.

– Um homem?

Concordo com a cabeça.

Ele passa o pincel de batom na minha cara.

– Mas chega disso. Meu bem, você é bonita demais para chorar.

– Você não soube? Sou horrivelmente feia. Li na internet.

Aceno um tchau para ele, fujo para a rua e, pelo visto, tendendo à hipermania, danço na placa de pare e ando, ando sem parar como ninguém se permite fazer em Los Angeles. Percebo: estou assustando as pessoas. É uma bênção e tanto não se sentir assustada.

Eu entendo que, desde a noite em que MC e eu nos conhecemos, ele já estava se despedindo. Entendo que embora o dr. R não tenha me preparado para sua morte, ele estava me preparando para o fim desde a primeira sessão de terapia. A diferença é que eu apareci para conhecer o dr. R sangrando, mas apareci para conhecer MC curada.

Capítulo 38

CONCORDO COM UM ENCONTRO às cegas com um bom rapaz judeu. Assim que nos conhecemos, ele diz:
– Sei de sua história. Espero que não se importe de eu dizer isso.
– Ele me busca, leva-me ao cinema, me leva para jantar, insiste em pagar por tudo. Quando me beija, eu choro, explico que não é porque queria que ele fosse outro, é porque é um choque e tanto para o meu sistema ser desejada depois de me sentir tão completamente abandonada.

Vemos *O retrato de Dorian Gray* de 1945, com Angela Lansbury. No filme, Dorian a venera, ela dorme com ele e depois disso ele lhe escreve uma carta dizendo que ela nunca fará parte de sua vida de novo. Quando recebe a carta, ela se mata.

O homem que vê o filme comigo é um cantor de sinagoga – ele é a porra de um cantor de sinagoga – é absurdo. Mas não é mais nem menos absurdo do que um astro do cinema. Os dois trabalham no reino dos sonhos projetados. A menorá, como o cinema de verdade, é um objeto puramente de beleza. Não é funcional. Só existe para ser admirado. Até as luzes do Shabat podem ser lidas. Penso em MC. Faço uma oração para ele e deixo que o cantor de sinagoga me leve de carro para casa.

No carro, ele toca o cover dos White Stripes de "One More Cup of Coffee", de Bob Dylan. Ele toca um cover da música de meu Marido Cigano, totalmente rearranjada.

Ele não é o cara. Mas é gentil comigo.

Quando chego em casa, começo a pensar num jeito de pegar minha carta de suicida com MC. É uma carta ou um bilhete? Só tem oito linhas. Uma novela ou até um conto, só que não tem um começo, meio e fim, é uma declaração de missão de suicida.

Tiro meus vestidos dos cabides, meus sapatos do closet, minhas calcinhas das gavetas. Não peguei de volta meu Magimix, meu suporte para bolo, meu colar de Estrela de Davi. Não quero de volta nenhum dos poemas que escrevi para ele, mas queria ter de volta todos os poemas que ele escreveu sobre mim. Queria que não tivéssemos rezado juntos, de joelhos, em meu jardim às sete da manhã. Gostaria de nunca tê-lo conhecido, porque ele me fez muito feliz.

Mamãe diz uma coisa que me perturba terrivelmente e não nos falamos por alguns dias. O que ela diz, quando telefona, é:
– Vi uma peça sobre MC ontem à noite. – Sua voz é tensa e áspera.
– Qual era a peça?
Ela respira fundo.
– *Hamlet*.
Fico em silêncio.
Ela acrescenta:
– Eu nunca chorei com *Hamlet* antes.

Ainda escrevo para ele uma semana ou outra: bilhetes que não são nem passivo-agressivos, são apenas bizarros e aleatórios, sobre o que vou comer no jantar e o que acabei de ver no cinema. Faço para ele uma assinatura do jornal de domingo. Vou mostrar a você o erro que cometeu! Arrumando para você receber gratuitamente o *New York Times*. Pode haver uma linha muito tênue entre a mágoa e a arte performática.

MC nunca, jamais responderá a meus torpedos. É mais provável que o dr. R vá responder. Mas ainda os envio. Meus gatos me procuram porque eu os alimento. Estão em ligação direta – eu os mimei por tempo demais. Se de repente eu parar de lhes dar comida, eles ainda me procurarão.

Às vezes sinto que os torpedos que mando são como orações deixadas no muro das lamentações. Se o dr. R não pode me ouvir e MC também é surdo, quem sabe D'us pode? Tenho tanta esperança – estas são as palavras que o despertarão de volta à vida, D'us ou dr. R ou MC. Tenho tanta esperança. Até que aperto Enviar. E depois não tenho fé nenhuma.

No fim da semana, mamãe me manda uma linda carta de Londres.

Emma. Vai ficar melhor agora. Você poderá se permitir que tudo isso desapareça. Você teve seu astro do cinema. Ele teve sua mulher inteligente, engraçada e sensível de algo parecido com o mundo real. Você encontrará alguém mais pé no chão. Ele vai encontrar alguém mais durona. Acabou.

Lendo esta carta, a perda de MC e a morte do dr. R deixam de ser uma foto em minha carteira que vejo o dia todo e passam para um álbum de fotos para ser visto em ocasiões especiais.

17 DE MAIO DE 2008

Eu sempre manterei a imagem de meu amado irmão mais velho fazendo windsurf contra o horizonte na direção da ilha Gardiners. Equilibrado, atlético, deslizando tranquilamente entre as ondas e o céu. Saindo da água, você começa a ver o sorriso largo, o carisma que ilumina a todos enquanto ele o olha e faz uma conexão. Ele tornou o mundo um lugar melhor, mais feliz, mais seguro. Ele nos uniu com calor humano, humor e otimismo. Ele ajudou a muita gente, pacientes e outros, dando sua humanidade, e sem deixar dúvidas de que eles eram compreendidos.

Ele era dedicado a Sam e Andy. Nem todos nós somos abençoados com uma vida longa, mas seus meninos são seu legado e ele tinha muito orgulho deles. Ele lutou tremendamente até o fim para ter mais tempo com sua família.

A (POTOMAC FALLS, VIRGÍNIA)

Capítulo 39

Começo a conversar com outro paciente devoto do dr. R. Nós nos conhecemos no Facebook e, depois de comungarmos lembranças carinhosas, por fim confesso a parte de mim que tem raiva dele por não nos avisar que estava morrendo. E a raiva por eu ainda não saber o que houve. Ele estava inteiramente ao meu lado para me ajudar. E depois se foi, com apenas uma mensagem de voz confusa para desvendar. Eu não conseguia me decidir a sondar Barbara para saber dos detalhes. Meu novo amigo do Facebook sugere que eu fale com Dorothy Rick, uma colega psiquiatra do dr. R.

Dorothy concorda em conversar comigo e pego um avião a Nova York para vê-la. Seu consultório é grande e bonito. Ela é bonita e baixinha. Parece uma garotinha precoce enquanto se enrosca na poltrona de couro. E eu pergunto a ela por que, por que ele não me avisou?

– Porque o nível de negação era profundo. Eu o vi no hospital uma semana antes de ele morrer...

– Que hospital?

– O Columbia. – Ela me oferece um lenço de papel preventivo.

– Ele estava sentado, mas muito fraco. Tudo foi muito exaustivo e Barbara precisava de um descanso, mas ninguém acreditava que seria o fim.

Amassei o lenço sem usá-lo.

– Quando exatamente ele teve o diagnóstico?

– Em agosto de 2007. Ele me ligou e disse "tenho notícias que não são boas, mas eu vou superar". Estava no estágio três.

– O que isso quer dizer?

– Estava nos dois pulmões.

– Ele era fumante?
– Não. Ele tinha esperanças com a cirurgia, que a quimioterapia e a radioterapia diminuíssem o tumor para que eles pudessem operar. E eles fizeram isso.
– Quando?
– Em fevereiro. Todos estavam muito esperançosos. Acreditavam que a quimioterapia dera resultado e ele se saiu muito bem no pós-operatório. Ele estava muito animado.
Ela coloca o cabelo para trás e o rosto aparece. Fico feliz. Quero ver tudo.
– Um mês após a cirurgia, fizeram uma tomografia computadorizada e descobriram algo que não era bom. Mas ele estava vendo um oncologista renomado que disse a ele que podiam tentar um protocolo.
– O que é isso?
– Tratamentos atípicos. Ele teria de ser hospitalizado para isso. Foi quando teve pneumonia. Ele ainda estava clinicando duas semanas antes de ser hospitalizado.
Foi na época em que fiquei uma sessão inteira falando daquela babaquice de Hewz Van e da merda dos Abba-Zabas. Enquanto ele lutava para manter a respiração regular, eu tagarelava sobre o nada, porque não precisava realmente dele naquele dia.
– Emma, nós conversamos e ele parecia fraco e estava muito doente, mas muito esperançoso. E essa era a verdade. Ele me pediu especificamente que não contasse aos pacientes que dividíamos.
– Então ele morreu de...?
– Ele morreu de pneumonia. Barbara disse que não era para ele ter morrido. O tipo de célula que ele tinha era curável. – Ela suspira. – Ele não acreditava que estava morrendo, então estava sendo sincero. Estou lhe dizendo agora: ele não a traiu.
Então eu chorei. Desamassei o lenço. Ela esperou que eu me recompusesse, até que perguntei como exatamente ela definiria o método de psiquiatria do dr. R.

– Ele seguia as práticas da redução de danos. É uma nova abordagem dos últimos cinco a dez anos e é assim que conseguimos fazer com que as pessoas continuem voltando. A velha escola de psiquiatria fala do ser humano como uma "tábula rasa", o que significa uma folha em branco. Mas a psiquiatria evoluiu desde então. Todos começamos a nos especializar na mesma época e percebemos que o muro tinha caído. A humanidade é a chave. Como o dr. R provou, você é mais eficaz quando é um *Mensch*.

Depois ela me pede para lhe falar um pouco de mim, para contar o que anda acontecendo. Conto, pela quinquagésima vez, a história de MC e sua guinada de 180 graus, e como tem sido difícil tentar entendê-la.

– Você não vai encontrar uma resposta. Não existe uma. A resposta é você. A resposta é que, apesar de tudo, você não está mais se ferindo.

Ela é muito boa. Ela parece muito, no modo de pensar, com *ele*.

– O que o dr. R diria? – pergunto a ela.

Ela sorri.

– Bom, deixe-me então colocar o chapéu do dr. R.

– Como é o chapéu do dr. R?

Seria um boné de beisebol? Estava lá o tempo todo e era só mais uma das coisas que eu não olhava nele porque não sabia o que viria a seguir? Seria dos Yankees ou dos Mets? (Anotação para mim mesma: perguntar a Barbara se ele era torcedor dos Yankees ou dos Mets.)

Dorothy ergue a mão.

– É o chapéu do bom senso. Ele diria saia dessa.

Eu quis perguntar: "Como?" De que jeito ele ia querer que eu saísse dessa? Quando eu estava na escola, "Mysterious Ways" do U2 fazia um enorme sucesso e eu inventava formas misteriosas de andar (eu pedia licença da aula de química para ir ao banheiro e saía da sala andando misteriosamente até o banheiro). De que forma ele ia querer que eu deixasse MC?

Ela parece poder ver tudo isso fervendo sob minha pele.

– Olha, eu entendo: você é escritora e ele é um grande perfil psicológico, mas não sei se isso faz bem a você, sinceramente.

– Acredita que ele falava sério sempre que dizia que íamos formar uma família?

– Eu acredito que *ele acreditava* em tudo o que disse a você.

Depois ela meneia a cabeça e diz uma coisa muito estranha.

– Era só um filme.

– Como assim?

– Não era real. Você não precisa ficar magoada desse jeito. Era só um filme.

Eu adoro esta mulher. Pergunto se posso vê-la novamente quando estiver em Nova York. Concordamos em ter uma consulta regular quando eu der uma passada na cidade.

A caminho da porta, lembro-me de perguntar como e onde ela conheceu o dr. R.

– Oh – diz ela –, eu fui a orientadora dele.

Capítulo 40

EM DEZEMBRO, passei o Natal e meu aniversário em Istambul, exatamente como MC tinha planejado. Mas fui sem ele. Navegando pela abstração amorfa da decepção, é uma emoção estar em um lugar que é cheio de respostas "sim" e "não". Os "sins" e "nãos" do Islã. O chamado para oração que retumba pela cidade toda manhã. Depois a música dance que nos mantém acordados a noite toda. A arquitetura, cheia de quadrados, cubos e esferas. Minha preferida é Aya Sofya – a igreja bizantina com seus quatro minaretes anexados.

Hospedada em um hotel barato em que cada quarto, em vez de ser numerado, tinha o nome de um poema de amor turco, como baklava toda noite e bebo cafezinhos mínimos.

Sinto-me com muito mais coragem em Istambul.

Minha cama é de solteiro, e meu quarto, espartano, mas posso admirar o mar de Marmara de minha janela. Silhuetas dançam ao luar: no alto da linha horizontal do Marmara, há uma faixa contínua horizontal de muros da cidade, telhados vermelhos e mesquitas erguendo-se claras entre eles. Podia ser triste estar aqui, esta viagem que ele fantasiou. Mas não é.

Le Corbusier disse: "Tudo me leva a escolher os turcos. Eles eram educados, solenes, tinham respeito pela presença das coisas. Sua obra é imensa, bela e grandiosa."

É simplesmente a cidade onde se pode abrigar sentimentos colossais. Na Califórnia, eu sentia que a imensidão da natureza do lado de fora de minha casa, o céu vasto, as montanhas, as árvores sem fim, certamente me ajudava a me recuperar. Mas há algo em Istambul, com sua grandiosidade feita pelo homem, que acho tranquilizador, me ancora. Qualquer coisa pode ser realizada. Tudo está em meu poder.

Andando pelas ruas, há gatos cálicos vagando por toda parte, de olhos tristes, procurando abrigo da chuva. Eles parecem Edie Sedgwick drogada com um casaco de pele desgrenhado. Não tem comida de gato em nenhuma loja próxima, então compro salame, fatio para eles e passo meu aniversário alimentando gatos. Sei que sou uma psicopata por me importar mais com animais do que com seres humanos, mas não há seres humanos sem-teto aqui, nem cães. Só gatos sem-teto.

Não demora muito e começa a nevar impiedosamente. Na sexta-feira, acendo velas do Shabat em meu quartinho de hotel. A Turquia ainda é o único país verdadeiramente islâmico moderado e tem um profundo orgulho disso. Deixando para trás a irracionalidade dos últimos meses, é uma alegria estar em um lugar onde as pessoas são constitucionalmente racionais, quando todos os países em volta estão meio loucos.

Visito a Mesquita Azul, a última grande mesquita do período clássico, que incorpora elementos bizantinos à tradicional arquitetura islâmica, o interior decorado com azulejos azuis. Meu cabelo agora está muito preto e comprido, e enquanto a nevasca faz com que ele açoite em círculos o meu rosto, a mesquita empresta um leve tom de azul a minha pele. Pego o espelho do pó compacto, a vaidade sob a extensa sombra da devoção. O espelho conta uma história de uma mulher que vive no fundo do mar.

Sentindo os efeitos do jet lag, às 6 da manhã procuro me tratar tomando um lauto café da manhã no Four Seasons. Como tortas e leio o jornal turco. Ao sair, roubo comida para os gatos. Não é roubo, porque paguei cinquenta dólares por um bufê, mas gosto de vivenciar como uma transgressão. Salmão, salsichas e bacon em abundância, para os felinos não halal.

Ainda pela manhã, ando até o ÇemberlitaŞ Hamami, o mais antigo banho turco da cidade. Foi construído em 1584 e a única luz vem de centenas de estrelas recortadas no teto em domo. Posso ouvir o chamado à oração da Mesquita Azul enquanto me deito, nua, nos vapores quentes. Não tem mais ninguém ali.

A cada visitante do hamam é designada uma mulher para esfregar e limpá-lo, para bater e massagear seus braços e pernas doloridos. As mulheres que esfregam estão nuas. Minha mulher tem peitos enormes e pendulares, e os olhos cinza-claros que eu estava acostumada a ver em Nova York nos dominicanos. Enquanto tentamos ao máximo nos comunicar, ela cobre meu cabelo de espuma, rindo e me dizendo: "Baby girl."

Não sei se ela está dizendo que eu *pareço* uma garotinha ou perguntando se eu tenho uma garotinha.

Ela sorri. Falta-lhe um dente.

– Baby girl.

Ela repete, radiante.

– Baby girl?

Em um momento atroz, concluo que ela deve estar perguntando sobre Pearl. Envolvida em vapor, as lágrimas perfuram meus olhos. Fico feliz quando o sabonete os enche.

Na saída, vendem sabonete caseiro com o olho grande afixado, para nos proteger de pessoas que desejam o nosso mal. Compro um, perguntando-me: "Como se pendura isso dentro da gente?"

O aventureiro francês do século XIX, Pierre Loti, escreveu *Aziyadé*, falando de uma jovem do harém de Istambul por quem ele se apaixonou. Ele disse que havia encontrado sua alma gêmea. Os dois planejaram fugir do harém e viver juntos. E então, numa manhã, o navio dele partiu para casa, com ele dentro. Quando ele voltou, muitos anos depois, descobriu que *Aziyadé* tinha morrido de amor por ele. O livro não conta que ela se matou. Diz que ela morreu de amor. Suponho que ela parou de comer. Talvez seu coração tenha parado de bater por baixo do véu de pedras preciosas.

– Você é minha?

Sim.

– Você é minha?
Sim.
– Você é minha?
Não.
– Não?
Não. Eu adorava ser sua. Mas agora eu sou minha, e é tudo o que sempre fui, no fim das contas.

Desviando-me das tempestades de neve, perambulo até o Palácio de Topkapi, que de 1465 a 1863 foi residência dos sultões otomanos. Um complexo de quatro pátios principais e muitas construções menores e intricadas, onde há centenas de salas e câmaras contendo a maior parte das relíquias sagradas do mundo muçulmano, assim como os bem preservados cômodos do harém.
Quando faço a visita, a exposição em cartaz se chama *As Relíquias Sagradas*. Estão exibindo uma panela do profeta Abraão, o turbante do profeta José, a espada do profeta Davi, o manto do profeta Maomé. Acho o guia especialmente atraente:

> O passado, o futuro e o presente são cada qual várias dimensões de uma só unidade. Podemos apreciar esta unidade ao sentirmos as variadas profundidades do tempo – uma sendo essencial, as outras, secundárias e entrelaçadas. Existem alguns objetos, porém, que são como um ponto ou uma linha desenhados, conectando-nos com nossas origens espirituais. Pelas associações que evocam, podemos penetrar mais fundo no passado e nutrir esperanças para o futuro, armados da persistência, da resistência e da determinação que são necessárias para o tempo que virá.

Passo horas ali, até que me vejo separada da multidão, numa sala lateral inesperada, que não encontro registrada no guia. Abaixo

da elaborada caligrafia folheada a ouro, há um sofá, um ventilador e uma pequena mesa de centro com antigas edições da *New Yorker*.
— Uma porta se abre.
— Em-ma For-rest!
— Dr. R? — Então era ali que ele estava. — Posso te dar um abraço?
Ele assente.
— Michelle gosta de abraçar. Sabia? Michelle Obama. Você perdeu essa. Mas ela adora abraçar as pessoas.
— São tempos diferentes.
— É.
Ele me leva para sua sala e se acomoda em sua cadeira.
— Pode apagar essa luz?
— Sim, claro, e aquela.
— Obrigada.
A sala está como sempre esteve e as crianças da 94 leste podem ser ouvidas passando ruidosamente com suas bicicletas.
— E então... — Ele sorri. Abre a mão para mim, que eu sei que quer dizer "Por onde anda a sua cabeça?"
— Passei por maus bocados sem você.
Ele assente.
— O luto é difícil. Você teve muita sorte. Não perdeu ninguém antes. Sua reação não é inadequada. Todos esses anos se cortando. Agora você tem um motivo para sentir dor. É um desafio interessante.
— Muito obrigada!
— Não tenho dúvida de que você está preparada para isso. Você está completamente diferente da menina que bateu na minha porta.
— Acha que você podia tê-lo ajudado?
Ele se remexe. Sabe de quem estou falando.
— Sim.
Abaixo a cabeça.
— Mas este não é um problema seu.
— Acha que eram a sério as coisas que ele disse?

– Acho. Ele falou sério em tudo o que disse, quando disse. Mas este é o padrão dele. E acabou prevalecendo. Neste momento você está deprimida com uma coisa só. Antes você ficava deprimida com tudo. São bons tempos para você, Emma.

Olho o chão, levanto a cabeça com os olhos molhados.

– Tenho medo de amar de novo. Tenho medo de ter perdido minha fé.

– Não perdeu.

– Sabe o alçapão que eu tinha na minha mente? Que pode levar a lugares ruins? Eu quase caí nele de novo.

– Você sabe como mantê-lo bem fechado.

Meneio a cabeça.

– Por sua causa, tenho mais medo ainda de minha mãe morrer. Agora estou de luto por ela. Estou tentando me vacinar.

– Não vai ajudar quando acontecer.

Tenho medo de lembrar a ele deste...

– Eu lhe disse em nosso último encontro pessoal que eu tinha começado a ficar obcecada com sua morte.

Ele sorri.

– O sentido da psiquiatria é que o processo deve ser encerrado. – Eu me encolho, mas ele continua. – Não queremos que você fique conosco para sempre. Quero fazer com que você saia daqui. Quero que a gente descubra como você pode sofrer por isto e tocar a vida.

Procuro por algo de bom para dizer, algo que diga a ele que tem razão em confiar em mim.

– Ainda bem que vim a Istambul. Estou mesmo feliz, mas, embora esteja feliz por ter feito isso, ainda acredito que nós realmente nos encontramos não em uma viagem, mas na alma dos outros.

– Então você ainda é a mulher que eu conheci.

– Eu era uma criança quando nos conhecemos.

Cubro os olhos com um lenço de papel, como fosse um leque, feito o leque bobo que MC uma vez me mandou da Espanha.

– Deixa eu te dizer uma coisa, e quero que se lembre disso: de quem você é autenticamente... Não há nada nem ninguém que possa somar ou subtrair disso.

– Mas... no closet, naquela tarde, na banheira, eu pensei: já perdi tanto. Devia perder tudo logo de uma vez.

– Você sabe que não tem de ser assim. É como a história que você me contou sobre desenhar seu rosto quando você era criança. Sobre não passar na prova de matemática de propósito porque você tinha medo de não passar na prova de matemática. Você pode romper esse padrão.

– Quando ele me procurou, tinha chorado. Sabia? Sabia disso? Pensando bem agora, isso fez com que eu me sentisse uma devoradora de pecados.

– Emma. Emma. Você não é uma devoradora de pecados. Você pegou o trem errado. Só isso.

Baixo o leque de papel, com todas as minhas cartas na mesa, molhadas, todas grudadas.

– Sinto sua falta. É o que eu queria dizer a você. Eu sinto muito a sua falta, terrivelmente, terrivelmente. A bondade nunca fica. Ela simplesmente não fica. O maior tempo que ela passou comigo foi junto com... meus pais.

O dr. R faz uma anotação no bloco.

– Perder vocês dois foi só um exercício da dor, não foi? Para minha mãe e meu pai...

Ele põe o dedo nos lábios, com o cotovelo no peito não devastado pelo câncer.

– Sim.

– E quando isso acontecer, não vai parecer nada.

Ele assente.

– Quando acontecer – ele me pergunta –, o que a fará aguentar?

– Os amigos que me amam.

– E se seus amigos não estiverem presentes?

– A música pelos fones de ouvido.

– E se a música parar?
– Um sermão do rabino Wolpe.
– Se não houvesse religião?
– As montanhas e o céu.
– Se você saísse da Califórnia?
– Ruas numeradas para que eu continue andando.
– Se Nova York cair no mar?
Sua voz dentro de mim.

No posto avançado de seu consultório em Istambul, deixando meu psiquiatra pela derradeira vez, assino o cheque do dr. R e torço para que o cheque não volte. Mas sei que, se voltar, ele vai me perdoar.

Capítulo 41

Ao voltar para casa, tenho de fazer uma escala em Londres. Há tempo para ir até a cidade e me vejo, quase para meu próprio assombro, entrando na Tate. Meu coração martela quando entro na sala quatorze. Há outras garotas lá, boquiabertas, vendo-a pela primeira vez. Eu fico para trás, deixando que elas tenham seu momento com Ofélia. Espero a minha vez.

Chegando em casa, na primeira noite que passo em Los Angeles, ouço, às três da manhã, uma batida na porta. Os pelos dos gatos se eriçam. Estendo a mão para o que há de mais próximo. Debaixo do meu travesseiro tem... uma caneta. Vou colocá-los para fora por escrito. Nada acontece. Quem estiver tentando invadir a casa, não consegue entrar. Eles são frustrados pela tranca que MC instalou em minha casa para me proteger. Mas o engraçado é que isso me lembra de quantas vezes estendi a mão para a caneta ultimamente. A qualquer hora em que eu quero morrer, escrevo uma história.

Saio da cama, vou ao computador e começo a escrever um roteiro que farei por três dias seguidos, uma comédia chamada *Liars (A-E)*. É vendido ao produtor ganhador do Oscar, Scott Rudin, por mais dinheiro do que eu já vi na vida. Pago meus impostos. Pago minhas dívidas. Pago a todos a quem devo, percebendo, ao fazer isso, que o empréstimo que estou devolvendo a meu pai data dos tempos do Priory.

No dia seguinte à posse, meu pai passa um tempo extraordinário usando o Photoshop para colocar o chapéu de Aretha Franklin nas minhas fotos de bebê.

Malia e Sasha tiram fotos do papai delas, como se não pudesse haver mais nenhuma. Barack memoriza um primoroso discurso de dezessete minutos e depois o juramento é aquela confusão. Assim é a vida.

8 DE MAIO DE 2008

O Dr. R me ajudou a pegar meu primeiro e único peixe.

E (NOVA YORK, NY)

Capítulo 42

Não me exercito todo dia e não medito todo dia, mas penso no suicídio todo dia, como se o cumprimentasse respeitosamente a caminho do trabalho. Em alguns dias acordo com o pensamento nisso, ou sou acordada por isso. Em outros, isso me vem quando não saio da cama com rapidez suficiente. Mais raramente, é meu último pensamento antes de cair no sono. Nunca penso nisso quando estou lá fora, no mundo. Não costuma ser reativo – é incomum que algo aconteça e me faça pensar: "Eu devia me matar!" É algo mais suave, mais como uma fragância. É meu cheiro pessoal, passei a pensar, e eu mal o noto. Só de tempos em tempos ele fica dominante. Na maioria das vezes, o toque dos gatos me distrai. A música me distrai. Fazer amor – quando estou amando – me distrai.

Fico imaginando se *ele* sabia – se era esse cheiro que sentia em meu cabelo. Um componente. Uma nota predominante. Há uma fase e somente uma em que não penso em nada disso, e é quando eu estava com ele. Queria que não fosse verdade. Espero que ele simplesmente me encontre na fruição do trabalho do dr. R. É possível.

Para mim, o dr. R e MC eram as duas faces da mesma moeda. Eles faziam com que eu me sentisse bem. Faziam com que eu me sentisse uma boa pessoa. Eles viam outra coisa. *Eles viam a mim.* E agora não podem ver nada de mim. É triste. É só triste, não passa disso. Porque eu ainda posso vê-los. Posso ver o mundo em que eu estava. Este espelho tem duas faces. Mas só para mim.

Você quer saber, mas receia perguntar, se eu encontrei ou não alguém. Se pode haver alguém que preencha esse vazio em meu coração depois que o perdi.

Eu encontrei.

– A vida é inútil – diz minha nova terapeuta, Michaela. – Ninguém sai dela vivo. Só o amor existe.

Ela é diferente do dr. R ao máximo. Mas não é sempre assim? Me sinto muito ligada a ela. Entretanto, sei que, mesmo que tenhamos de ficar juntas para sempre, uma de nós irá primeiro.

A tristeza – a tristeza geral que se agacha e urina dentro de meu cérebro – não passou. Nunca passará. No entanto, sei a melhor forma de afugentá-la. Em geral dá certo. Às vezes não. Um dia eu me sento na calçada e choro tanto que uma mulher se aproxima e pergunta se pode rezar comigo. Eu digo que sim. Sempre ficarei grata a essa mulher. Ela era bonita, jovem, vestia o onipresente terninho Juicy Couture. Parecia ter acabado de malhar. Ela rezou até que o ônibus chegou e eu fui para casa, fiz chá e escrevi uma nota para mim mesma:

Foda-se, então. Eu escolho.
Sou escolhida. Eu escolho de novo.

No Portobello Market, compro um anel vitoriano. Tem uma caveira com uma serpente entrelaçada, custa quinhentas libras, a maior quantia que já gastei em uma coisa, exceto meu computador. "Scott Rudin me comprou isto", eu digo enquanto o coloco no dedo, embora eu também diga o mesmo quando compro comida de gato e papel higiênico. Compro o anel porque quero ser como as mulheres casadas com sua virgindade pela aliança de compromisso. Quero olhar para ele todo dia e deixar que a ideia da morte cintile e faísque e é isso. Ele fica no meu dedo. Em geral não dá muito certo para as virgens: tem muito boquete e sexo anal para ajudar a preservar o sexo até o casamento. E de um jeito estranho imagino que preservar a minha morte até a morte seja a mesma coisa. Provavelmente tomarei muitas decisões estranhas em nome de continuar viva. Por mim, tudo bem.

Eu disse ao dr. R que Nova York trouxe tudo isso à superfície como o uso medieval de sanguessugas para tirar a febre. Meu Marido Cigano foi como me casar com Nova York. Ele era a melhor cidade do mundo, ele era a única cidade do mundo, até que ele desmoronou em mim. Nunca senti uma dor como aquela. Era como uma borboleta exótica. Foi-se. Eu tenho tido muita sorte.

Se matar-se não é mais uma opção, você tem de afundar nas trevas e tirar algum proveito disso.

Perry dá tapinhas na minha cara enquanto durmo. Acordo às 6 da manhã sentindo, em vez de tristeza, raiva e necessidade de fazer xixi. Algo me leva ao jardim. Encontro o lugar onde enterrei a caixa de lasanha de baixa caloria. Tiro a calça do pijama, me agacho e urino em cima. Enquanto meus olhos vagam, vejo Perry, um pouco à minha direita, olhando-me com a concentração intensa de um guarda-costas.

7 DE MAIO DE 2008

Nossa lembrança preferida do dr. R foi quando estávamos na fila de um elevador na estação de esqui de Jiminy Peak e vimos um homem só de calção de banho do lado de fora, numa temperatura abaixo de zero, pulando feliz para dentro de uma piscina de água quente próxima. Ao olharmos melhor, percebemos que era o dr. R (que nem mesmo conhecíamos na época), divertindo-se a valer.

J e J (NOVA YORK, NY)

Capítulo 43

Estou escrevendo um novo roteiro em uma mesa de madeira de um celeiro do século XV na Toscana. Estou com um homem que por um breve tempo foi meu namorado, mas agora é meu amigo, e ele é um amigo querido, um dos mais queridos, *mesmo* depois de eu coagi-lo a admitir que eu "sexualmente não sou o lance dele", e mesmo depois de eu ter compilado, num impulso de ressentimento resultante, uma lista secreta e bizarra das coisas que poderiam ser o "lance dele" ("Garotas de calendário com seis dedos?" "Marmite?" "As narrações de Morgan Freeman?" "A música-tema de *Caça-fantasmas*?" "A música-tema de *Caça-fantasmas 2*?"). Comemos tomates frescos com queijo e depois torta de pinhão e bebemos o melhor café do mundo. Ele está no térreo escrevendo em sua mesa e eu estou num andar mais alto, numa torre. Decido ouvir "Postcards from Italy", do Beirut. É uma música maravilhosa. Quer dizer, é muitas outras coisas também, tem história demais com MC ali. Mas também é uma música do caralho. Nesta tarde não tem história, só melodia e letra e elas não fazem nada com meu coração além de expandi-lo com a alegria que estive sentindo a semana toda.

E então meu amigo sobe a escada de onde estava trabalhando.
– Duas coisas. 1. Vai ler o que escrevi? E 2. Vai parar de cantar? Parece a merda de uma cantora de pub.

Vamos para o jardim tomar chá. Tem sol, há um gato em cima de mim, tem sol, há uma ameixeira acima de mim, tem sol, há um vale, tem sol, então eu coloco os óculos escuros para proteger a visão. Meu amigo olha para mim e diz: "Você vai se prejudicar."

– Não, não vou. – E depois: – Por quê?
– As lentes são diferentes.
– Não são, não.
– São, sim.

Estou ficando irritada com ele porque não sei do que ele está falando, depois eu tiro os óculos e vejo que peguei e estive usando, por vinte minutos, os óculos dele, que não são de sol, mas de grau forte. Recoloco meus Ray-Bans e não falamos mais nisso.

O gato, enroscado e de olhos azuis, levanta a cabeça e diz: "Cretina, você não aprendeu nada."

Tudo vai bem.

Posso contar como é morar dentro do quadro de Ofélia de Millais? Há trechos de água tão morna. Afogando-me, posso ver o céu, os galhos das árvores pendendo no alto. É muito bonito. Vou flutuar o máximo que puder. Tem um garoto que flutua comigo por um tempo, ficamos de mãos dadas e olhamos o céu juntos, um sentindo a pele do outro enrugar porque estamos voltados para o amor e ficaremos desse jeito para sempre. Há uma curva e ele se afasta, levado por uma correnteza que não pode combater. Mas sempre tem o homem na margem do rio, aquele que não se pode ver, aquele por baixo da tinta. Como as pessoas que estendem copos para os maratonistas. Eu posso ouvi-lo. E ele me mantém à tona. Está tão frio e tão escuro mas acima de mim é aberto e azul e, com a água me puxando para baixo, ele ainda grita: "Olhe para cima! Olhe para cima!"

E eu olho.

Pensei que eu precisava saber sobre a última semana do meu dr. R, sobre o diagnóstico e o tratamento. Como ele morreu? O que poderia ter interrompido isso? Mas não preciso saber de sua morte. É a parte menos importante. O que importa para mim é a sua vida.

Finalmente entendo também que não só não compreendo a morte de minha relação, como não preciso compreender. Esses homens foram bons e gentis comigo, eles me amaram e eu os amei, e o choque do término não traz sabedoria nenhuma. A revelação não é que eu os perdi, mas que eu os tive.

Mamãe me escreve um e-mail falando de *Sinédoque, Nova York*. Diz que achou muito bonito e muito comovente. Quando pergunto por que, ela diz: "Porque fiquei pensando em minha própria mortalidade." Ela nunca havia verbalizado isso, nunca admitimos que ela poderia não viver para sempre.

Ela confia que eu vá saber lidar com esta informação.

Arquivo isto e fico feliz por ela estar pensando em si mesma, embora pensar em si mesma signifique pensar em mim. E no que eu fiz a ela. E no que farei sem ela. E no que será de mim.

– Não preciso que você seja feliz com alguém – ela me garante quando pergunto se está decepcionada por eu ainda não ter feito o amor durar. – Preciso que você seja feliz consigo mesma.

Tive minha despedida do dr. R. E, verdade seja dita, eu vi MC também, pouco tempo depois de Istambul, mas com o máximo de distância possível. Uma festa de agência após uma cerimônia de premiação em Los Angeles.

Coloquei um vestido que comprei quando eu estava com Simon, um que Simon achava apertado demais, decotado demais. Incontrolável, inundando-me.

– Você verá MC, se você for – diz minha mãe.
– Eu sei.
– Você tem coragem.
– Tenho. E também... estou sem pele e sem dignidade.

Nesse vestido, todas as tatuagens são visíveis. Elas me cobrem onde meu sangue sairia. Não foi assim que começaram, mas foi nisso que se tornaram.

Na festa, passo muito tempo conversando com Robert Downey Junior e me esqueço completamente de que um dia lhe enviei encomendas na prisão. Fico me perguntando se ele se lembra de que esteve preso. Nossa outra vida antes de sermos salvos, antes de sermos pré-modernos.

Mas o que você realmente quer saber é a conversa com MC. Foi básica, é verdade. "Como vão sua mãe e seu pai?" "Como vão suas irmãs?"

Até que uma atriz com um corpo magro da cor de trufas engordantes aparece e declara de brincadeira que finalmente está pronta para trepar com ele. E ele diz: "Ha! Enfim!", porque, o que ele pode dizer? O cabelo dela é primorosamente tingido e penteado para trás. Estamos em Hollywood. Eu escolhi estar ali e escolhi estar *ali*.

Ele e eu continuamos no papinho. É pequeno. É mínimo. Engolfa-nos como liliputianos. Depois há um momento em que os liliputianos são distraídos por minicheeseburgers. Rompemos nossas amarras e nos vemos de mãos dadas por um tempo, sem dizer nada, por provavelmente cinco minutos. Está silencioso e parado, tão tranquilo que a atriz leva um tempo para ver e depois fica de joelhos diante de nós e diz: "Estou tão mortificada pelo que disse. Vocês dois obviamente estão juntos."

– Eu... – começo a explicar.

Ela ergue a mão de unhas peroladas, nossa história brilha no escuro.

– É óbvio que há alguma coisa aqui entre vocês.

Em algum lugar não muito longe dali, no campo budista onde nos deitamos juntos, as ondas ainda se quebravam. Há outra vida lá, onde as cartas de amor não são escritas com tinta que desaparece. Outra vida onde o dr. R tem um ano a mais, outros cinco anos, uma vida onde ele não morre, uma vida onde ele continua apenas curando e curando os outros, onde sua família consegue ficar com ele. É tranquilo em nosso campo budista, nós dois, depois de vidas de tanto tumulto autoinfligido, abalados por essa coisa chamada paz. Esforçamo-nos tanto para nos dar bem e agora temos um ao outro para mostrar isso, aqui, nos urzais, na beira de um penhasco do qual não temos o impulso de pular. Mais um momento, mais uma respiração. Mas não há mais nada. No New York Presbyterian, atrás de uma porta do pavilhão Milstein, o dr. R dá seu último suspiro.

Enquanto a festa da indústria volta a entrar em foco, e com ela o som da mata e do mar substituído pelo retinir de taças de champanhe, saltos agulha no mármore, sua própria onda, MC solta minha mão e olha nos olhos da atriz.

– Não, querida. Não há nada aqui. Não há absolutamente nada.

Quando eu chegar ao fim de minha vida – quando chegar ao verdadeiro fim, na hora certa (mesmo que, como o dr. R, seja uma hora injusta, será a certa) –, minha mente poderá lembrar de imagens ao acaso: apontadores de lápis e pinguins. Meus amigos que pontilharam a autoestrada do desespero, meu pai inventando uma música para um gato, dançando ao som de gospel com minha mãe, a coluna dela reta, suas mãos macias e o rosto doce. Os dons autoalinhavados de minha irmã. Ouvindo *Graceland* em caronas de carro. Criando um universo da leitura em silêncio com seu amante. E um homem que, embora eu nunca o tenha visto fora de um quartinho, acreditava que a vida é vasta e vale a pena ser vivida. Não estou sendo esperançosa quando digo que meus últimos pensamentos serão de amor. Eu me lembro. Se você um dia perdeu alguém como eu um dia tentei ir embora, posso lhe garantir do alto de minha experiência que por mais desesperados que estivessem, e certamente estavam, seja lá o que os fez engolir os comprimidos ou amarrar a corda, encher os bolsos de pedras e entrar na água, antes de afundar, seus últimos pensamentos foram de amor.

Acordo com um e-mail do amor de minha vida.

Estive pensando no que acontece com as vozes femininas quando ficam mais velhas. Tanto Emmylou Harris como Joan Baez estão acabadas. Aquele som puro, que sai sem esforço algum, se foi. Joni Mitchell, porém, parece melhor uma oitava abaixo, como Dylan e Cohen. Todo mundo acaba parecendo Tom Waits, mais cedo ou mais tarde.

Tenho o novo álbum de Emmylou. Sua voz se foi, mas o poder dramático e a musicalidade ainda estão presentes e as músicas são lindas.

Estou andando pelas ruas glaciais como uma pessoa muito, mas muito velha, tentando não cair.

Bjs
Mamãe

9 DE MAIO DE 2008

O cronista esportivo Red Smith, solicitado a falar no funeral de um amigo, olhou os enlutados reunidos e disse: "Morrer não é nada de mais, é o mínimo que vamos conseguir. O truque é viver."

O dr. R foi a pessoa com mais prazer de viver que já conheci. Nos vinte e cinco anos em que fomos amigos, ele simplesmente curtiu a vida. Ele gostava de Nova York, gostava dos Hamptons, gostava de Saint Barth, gostava de teatro e música, comida e arte, assistir esportes e praticá-los, gostava de sair, gostava de ficar em casa. Ele não fez todas essas coisas bem, ninguém faz. Mas ele não tinha constrangimento algum e se dispunha a tentar, a rir das coisas que davam errado assim como a celebrar o que dava certo.

Lendo os recados de seus pacientes, sou lembrado de que havia um lado sério no dr. R também e que, para viver, ele ajudou as pessoas a organizar a vida. Mas para alguém que sempre se perguntou por que ele era tão bom nisso, era porque sua própria vida era organizada, e ele acreditava que a vida era boa e valia viver e que podia ficar melhor.

Uma pessoa como o dr. R pode adoecer, seu corpo pode se alquebrar e ele pode nos deixar desolados. Mas a luz de seu sorriso e o calor com que ele vivia não morrem. Essas coisas nos sustentam para sempre.

B (PALO ALTO, CALIFÓRNIA)

Capítulo 44

Meus pais e eu fizemos uma viagem juntos, hospedando-nos na casa do lago de SB e sua família em New Hampshire. Quando chegamos lá, os lagos e as árvores e os falcões fazem bem a minha alma. Mas o que mais gosto de ver é que cada placa de carro traz o lema do estado de New Hampshire: "Viver livre ou morrer."

E, ao dar uma volta no lago, com minha mãe, meu pai e SB, ocorre-me pela primeira vez, como na primeira vez que me ocorreu que me cortar era ruim, mesmo que dê certo:

Sozinha com um gato em um closet empoeirado cheio de sapatos que não combinam é um lugar ruim para deixar sua pequena luz brilhar.

Mamãe me deixa passar o braço no dela. Ela me sussurra:
– Sabe o diretor David Gordon Green?
– Sei.
– Sabe o ator Joseph Gordon-Levitt?
– Claro.
– Eles são diferentes.
Ela espera que eu rebata.
– Sim, mãe. São homens diferentes.
Ela pensa na minha resposta.
– Não. É inaceitável.
Papai, andando a nossa frente com suas pernas de John Cleese, começa a instigar uma rodada crescente de músicas de *West Side Story*.

O dr. R adoraria isso. Adoraria ficar num lago conosco, lado a lado com Sondheim.

Depois papai e eu passamos a "Jerusalem", o hino inglês que sempre tínhamos que cantar na escola.
— "And was Jerooooosalem BUILDED HERE" — canta meu pai, com toda sua potência — "AMONG these dark satanic mills?"
— De que diabos essa música fala? — pergunto.
— Oh. — Ele dá de ombros. — É só o mentalismo genérico de William Blake. — Depois de tudo o que eles passaram comigo, ele é superficial em sua descrição da loucura e do poder que ela pode ter.
Sei que sempre terei momentos de pânico em que posso enlouquecer (eu vi uma hora de clips de Rick Moranis no YouTube. Baixei "Ride Like The Wind", de Christopher Cross. Uma vez comi cinquenta pecãs. Por "uma vez" quero dizer uma hora atrás. Às vezes, durante o sexo, fantasio com a cena de *Bastardos Inglórios* em que Shosanna incendeia a sala cheia de nazistas). Mas as preocupações estão se distanciando mais.

Papai e eu recomeçamos a cantar. Mamãe se arrasta atrás de nós, porque ela tem meio metro de altura e suas pernas são feitas de ratinhos de chocolate. Ainda faço a coreografia dos Jets e papai chega a um crescendo em "Jerusalem".
Digo em voz alta:
— Estou ficando feliz, porra. — Mas ninguém pode me ouvir porque papai berra as últimas notas do hino: "BA BA BAAA BA BUUUUUUH!"

17 DE MAIO DE 2008

Sou um paciente do dr. R e sempre serei.

N (NOVA YORK, NY)

Epílogo

É EM NOVA YORK, seis meses depois de nosso rompimento, que um jornalista gentilmente me manda por e-mail uma foto de MC de mãos dadas com sua nova Mulher Cigana, usando um vestido que revela que ela está no segundo trimestre de gravidez. Não sei bem o que devo fazer. Suponho que devia me cortar. É a ligação direta. *Aqui está o sofá onde eles se deitaram. Aqui a mão dele no cabelo dela. Aqui estão suas palavras na página dela. Aqui está o quanto ele precisa dela. Aqui está como ele a beijou na primeira vez. Aqui como ela o torna completo.*

Olho a lâmina de barbear em meu kit de viagem.

– Me diga o que fazer.

A lâmina continua em silêncio.

– Diga!

Posso ouvir minha respiração. Ou melhor, eu posso me ouvir. Não existem vozes. Nem dele. Nem do dr. R nem dos loucos da internet. Nem mesmo de minha mãe.

Saio do banheiro.

Coloco os fones de ouvido.

Pego o trem 1 para a balsa de Staten Island.

Estou andando de balsa porque é algo que nunca fiz na vida. O céu está aberto e é vasto, tem nuvens, mas faz sol, aquele céu azul de Nova York, estou ouvindo o Velvet Underground cantando "Pale Blue Eyes", e como não tem ninguém na minha vida com olhos azuis-claros, terei o céu como minha musa enquanto a canção durar. O convés é aberto. Não há ninguém, só eu. Danço sozinha com a música. Sou a Mulher Cigana. Sou a Baby Emma de Jeffrey e Judy. Sou a irmã de Lisa. Sou a mãe de uma criança maori de seis anos. Sou uma paciente de uma ala psiquiátrica. Sou a garota comendo fritas para empurrar mais fritas para dentro. Sou a mulher na pintura. Estou desesperada. Estou em êxtase. Sou Jane Eyre – eu o resgatei dele mesmo! Finalmente eu o libertei! – até haver uma nova Jane Eyre e eu ser a sra. Rochester. Eu vivi na casa. Vivi no sótão. Sou uma ponta solta de um nó górdio que não pode ser desamarrado. Eu não me enforquei. Não lamento.

Há toques de folk israelense e da dança do ventre que aprendi em Istambul, e um pouco de flamenco nos meus pés. Danço loucamente, subindo e descendo o convés. Posso fazer o que quiser, porque estou sozinha.

A balsa faz a curva e a Estátua da Liberdade me faz querer ficar de pé e gritar – eu sempre fui assim com a beleza feminina, uma vez vi Debbie Harry numa sala de espera de médico e quis gritar "Urra!" –, é claro que o símbolo da liberdade e da esperança é uma mulher. Um garotinho fica ofendido ao saber que não pode entrar nela. "Olhar para ela? Só isso? A gente não faz nada? Só olha?"

Os sem-teto andam de balsa porque é de graça, tem uma placa que diz "Você é bipolar?", mostrando uma lista de possíveis sintomas, e no alto da escada, como um teaser de campanha publicitária, há um homem que é bipolar ou pelo menos tem muito pouca sorte, mas não tenho medo. Penso no que o dr. R teria feito com ele, no que veria nele, no que veria nisto. Recostada no convés, uma mulher esbarra sem querer o braço em mim porque está sendo beijada. Qualquer que seja o futuro desses amantes, ela sempre se lembrará deste momento e isso pode causar dor, talvez por muito tempo, mas um dia será só céu e beijo. E ter sido amada na longa sombra da liberdade.

Agora eu entendo. É muito simples:
Aquele não era meu bebê. Aquele não era meu marido.
Haverá alguém. Não era ele.

Ofélia olha o céu azul e flutua de um trecho de água fria para outro quente. Algo incomum acontece. Ela move o braço, nadando de costas. É um dia ensolarado e em sua cabeça ela ouve Mavis Stapples cantando "Eyes on the Prize", que fica melhor ainda com o Velvet Underground do que você pode imaginar. Para onde Ofélia olhe, há prêmios para atrair seus olhos. Aquelas flores, o sol batendo nos barcos, até as pessoas acenando. Ela não sabe para onde olhar primeiro, mas é uma dádiva.

Posso vê-la do convés superior da balsa. A água parece boa e ela vira de lado e, sem pensar, começa a nadar para a terra, onde vê uma estátua verde, de braço apontado para cima e, sob a estátua, mínimo mas inconfundível, um judeu de meia-idade com as calças puxadas demais para cima, não o primeiro judeu na ilha de Ellis, mas talvez o mais inteligente, o mais generoso, talvez, só talvez, aquele que mudou a vida de muitos. Quando ela chega à terra, ele não está mais lá, mas ela se levanta mesmo assim. Ela é mais forte do que se possa saber. Suas roupas molhadas grudam em suas curvas e enquanto a água se agita, qualquer um que a visse da balsa não a acharia alquebrada ou ferida, decaída ou louca.

Mas não há ninguém por quilômetros, e isso a deixa feliz e calma, enquanto sacode o cabelo.

Agradecimentos

Agradeço a:

Felicity Rubinstein. Kim Whitherspoon. Elinor Burns. Cliff Roberts.

Na Bloomsbury: Alexandra Pringle, Anna Simpson, Alexa von Hirschberg, Holly Macdonald, Victoria Millar e Jude Drake.

Por chegarem a mim e me deixarem chegar:
Lisa, Andrea, SB, Teeter, Bianca, Barbara, Shannon, Nat, Sass, Dorothy, Shaye, Maayan, Danielle, Kat, Min, Link, Seamus, Michaela, Shalamar, Asa, Gilah, Elishia, Tendo, Ali, Cleo, Clare, Gary, Indira, Talia, Petra, Lucy e um agradecimento especial ao rabino Wolpe.

Sou muito grata a meu senhorio de longa data, Scott, pela solidão do Laurel Canyon.

E a Susan Gelpke-Doran (anfitriã e inspiração). Sem falar em Joe Wright (uma voz ao telefone).

Por fim, gostaria de agradecer ao psiquiatra anônimo e autor por trás do website fxckfeelings.com.

Este livro foi impresso na Editora JPA Ltda.,
Av. Brasil, 10.600 – Rio de Janeiro – RJ,
para a Editora Rocco Ltda.